Isabella Ackerl · König Mathias Corvinus

Ein Österreich-Thema aus dem Bundesverlag

Isabella Ackerl

König Mathias Corvinus

Ein Ungar, der in Wien regierte

ÖBV

Österreichischer Bundesverlag · Wien

Diese Buchreihe ist Österreich gewidmet: Österreich mit seinen geistigen Kräften und Strömungen, Österreich mit seiner historischen und seiner kulturgeschichtlichen Bedeutung, Österreich mit seinen landschaftlichen Besonderheiten, seinen Persönlichkeiten und der so vielfältigen Wesensart seiner Bevölkerung. Vieles bietet sich an. Es soll nach und nach behandelt werden – anregend geschrieben und zugleich hohen Ansprüchen genügend.

Satz: Times 10/11 Punkt
Gedruckt auf holzfrei Offset 120 g
Druck: Wiener Verlag, Himberg
ISBN 3-215-**05786**-7

Inhalt

Ungarn um die Mitte des 15. Jahrhunderts

Der ungarische Staat des 15. Jahrhunderts war eine Wahlmonarchie, die von starken Kräften der Stände beherrscht wurde. Schon im Jahre 1301, mit dem Aussterben der Arpaden, war dieses System der Wahlmonarchie entstanden und hatte sich zu einer starken Tradition entwickelt. Obwohl nach 1526 (Schlacht bei Mohács) nach dem Aussterben der Jagellonen aufgrund der Verträge mit dem Haus Habsburg eine Erbmonarchie entstand, hielten die ungarischen Stände bis Ende des 17. Jahrhunderts (1681 Reichstag von Ödenburg) an der Fiktion der Wahlmonarchie fest.

Erste förmliche Wahlversprechen bzw. Wahlübereinkommen zwischen dem designierten König und den Ständen gab es schon bei der Wahl des Königs Sigismund im Jahre 1387.

Wer waren nun diese Stände, die das Leben des Staates und des Volkes so intensiv beeinflussen konnten? Zunächst waren es die Barone. Sie waren die einflußreichste Kaste dieses Landes, sie waren der höchste Adel, wesentliche Ämter der Krone und der Verwaltung gehörten zu ihren Obliegenheiten, entscheidend war aber, daß sich ein Drittel von Grund und Boden in ihrem Besitz befand. Zudem war durch die „Familiaritas", d. h. durch enge Gefolgschaftsbande, auch der sogenannte Komitatsadel – darunter kann man den niederen Adel des Landes verstehen – von ihnen abhängig. Diese Magnaten verfügten über die persönliche Steuerfreiheit; die gesamte Komitatsverwaltung und die regionale Gerichtsbarkeit lagen in ihren Händen.

Daneben spielten die Geistlichkeit und die Städte eine entscheidende Rolle, wobei aber keineswegs die hervorragende Stellung der Städte, wie sie in Westeuropa schon längst gültig geworden war, in Ungarn vorauszusetzen ist.

Es war nun Usus der Königswahl geworden, daß der neue König die bisher erworbenen Rechte der Stände für die Zeit seiner Regierung zu garantieren habe. In diesen Wahlversprechen, die die Könige abzugeben hatten, waren die staatsrechtlichen Begriffe ganz klar definiert. Im Laufe der Zeit entstand aus diesen staatsrechtlichen Begriffen eine abstrakte Definition der Staatsgewalt, wobei es in Ungarn zu einer ganz eigenständigen Entwicklung kam. Es stand auf der einen Seite die Krone bzw. die res publica, die streng von der Person des Herrschers getrennt war. So hatte die Staatsgewalt eine Verbindungsfunktion zwischen dem gewählten König und den Ständen. Seit der Zeit Sigismunds aber wird die Krone gemeinsam mit dem regnum, dem Königreich, und den regnicolae, den Bewohnern dieses Königreiches, als ein Begriffspaar gesehen, während der König nicht mit der Krone identifiziert wurde. Insgesamt bedeutete das eine zunehmende Macht der Stände, die demjenigen, der die Stephanskrone zu tragen vermeinte, immer mehr Bedingungen stellten. Spätere Historiographen haben in diesen Vorgängen eine verstärkte ungarische Nationalität erblicken wollen, tatsächlich handelt es sich wahrscheinlich um Vorformen eines nationalen Selbstverständnisses.

Denn schon damals stoßen wir auf Bezeichnungen wie ungariae nationis, extraneae nationis – in diesem Fall handelt es sich um Ratgeber Kaiser Sigismunds –, d. h. es wird sehr deutlich zwischen Ratgebern ungarischer Nationalität und solchen ausländischer Zugehörigkeit unterschieden. Trotzdem darf nicht davon ausgegangen werden, daß der hohe Adel, die Magnaten, die Barone, sich als nationale Ungarn verstanden hätten. Im Gegenteil, der hohe Adel war weit über die Nation hinaus mit den verschiedensten Familien Europas durch verwandtschaftliche Beziehungen verknüpft. Ihnen standen ihre familiären Interessen weit vor denen des Landes. Vordringlich im Katalog ihrer Forderungen an den König war zumeist, daß die Zahl derer, die Anteil an der Macht hatten, klein gehalten werden sollte. Entscheidend war aber, daß der hohe Adel, sollte der König sich nicht an die in der Wahlkapitulation gegebenen Versprechen halten, das Recht hatte, Widerstand zu leisten.

Als 1387 König Sigismund gewählt wurde, war dieses Land schon ziemlich gespalten. Allerdings gingen die Parteiungen nicht so weit, wie wir sie im deutschen Reich sehen oder auch in Frankreich, das zum damaligen Zeitpunkt in verschiedene souveräne Herrschaftsgebiete zerfallen war. In Ungarn war der Zusammenhalt des Landes bis zu einem gewissen Grad gewahrt. Dies dürfte seine Wurzeln in der Arpadentradition haben, da schon damals die Krone eine bedeutende Symbolkraft ausstrahlte. Anderseits entsprach der hohe Adel in seinen Intentionen und in den Zielen seiner Politik im Grunde dem Bild eines mittelalterlichen Raubrittertums, das eigentlich nur persönlichste Interessen in den Mittelpunkt seiner Politik stellte. Damals konnte die Gentry, wie sie später genannt wurde, der Komitatsadel, der kleine, mittlere Adel, noch nicht eine derartige politische Kraft in die Waagschale der Nation legen, wie das später in der zweiten Hälfte des 15. Jahrhunderts der Fall war. Dies war zweifellos eine Konsequenz der speziellen Ausformung des ungarischen Lehenswesens. Im europäischen Kontext gesehen, nahm Ungarn insoferne eine eigene Stellung ein, als neben dem Wahlkönigtum schon zu Anfang des 15. Jahrhunderts gewisse religiöse Freiheiten von König und Ständen gemeinsam gegen das Papsttum erobert worden waren. Aufgrund des placetum regium von 1404 hatte die ungarische katholische Kirche eine größere Unabhängigkeit von Rom erreicht und hatte auch auf dem Konzil von Konstanz 1417 durch die Anerkennung des königlichen Patronatsrechtes für die ungarische Landeskirche verhindern können, daß ein zu großer Zuzug von Fremden das Land überschwemmte bzw. Pfründen des Landes an Ausländer vergeben werden konnten. Dieses Spannungsverhältnis zwischen Adel und Krone machte es nicht leicht, das Land zu regieren. Als im Jahre 1401 eine Adelserhebung gegen König Sigismund stattfand und er ein halbes Jahr lang Gefangener der Barone war, herrschte im Lande nicht ein Interregnum im ursprünglichen Sinne des Wortes, sondern ein ständisches Herrschaftssystem, das sich als Modellfall für spätere Zeiten erweisen sollte. Die Verwaltung während dieser kurzen Zeit wurde von den Großen des Landes im Namen der Krone geführt. Später wurde der Ausdruck, daß die Krone das Land symbolisiere, die corona regni, die Krone des Reiches, ein fester Bestandteil der Rechtssprache des Landes. Letztlich blieb aber diese Kronentheorie eine Episode, und aus ihr erwuchs keine Staatstheorie. Jedenfalls haben sich die

Barone nie in diesem Maße mit der Krone identifiziert, jedenfalls nicht mit einer bestimmten Krone, wie man es im 19. Jahrhundert gerne gesehen hätte, da diese Kronenidentifikation mit dem tatsächlichen Besitz des Krönungsinstrumentes verbunden war. Die Historiographie des 19. Jahrhunderts forcierte diese Kronentheorie aus ganz aktuellen politischen Gründen, als sie die ungarische Eigenständigkeit und das Recht auf eine separate Entwicklung historisch zu untermauern versuchte.

Verwaltungstechnisch war das Königreich Ungarn in 58 Komitate aufgeteilt, von denen 52 unter der Verwaltung eines vom König ernannten Obergespans, sechs unter dem Kommando des Woiwoden von Siebenbürgen standen. Auch die übrigen Grenzkomitate, wie Slawonien und Kroatien, die immer wieder von den Türken heimgesucht wurden, standen unter einer besonderen Verwaltung, an ihrer Spitze regierte jeweils ein Banus.

Direkt der Verwaltung des Königs unterstanden die 32 königlichen Freistädte, die die verwaltungsmäßige und gerichtliche Autonomie besaßen. Die Tatsache, daß eine Stadt Freistadt war, sagte noch nichts über ihre Größe oder wirtschaftliche Leistungsfähigkeit aus. Es gab kleine Städte von geringer Bedeutung, die schon seit dem 13. Jahrhundert über dieses Privileg verfügten. So wichtige Zentren wie Raab oder Fünfkirchen konnten sich von ihren Grundherren, den Bischöfen, nicht befreien. Die größte Stadt Ungarns war Ofen, sie hatte nicht mehr als 8 000 bis 10 000 Einwohner. Die wichtigsten Handelsstädte befanden sich in Oberungarn im Bergwerksgebiet und an den Handelsstraßen. Die Bevölkerung der Städte war zu einem hohen Prozentsatz deutschsprachig bzw. durch die hohe Fluktuation in den Städten zweisprachig.

Das fast ausnahmslos katholische Land war in zwei Kirchenprovinzen geteilt: in das Erzbistum Gran, dessen Kirchenfürst Primas von Ungarn war und dem die Diözesen Neutra, Raab, Veszprém, Fünfkirchen, Waitzen und Erlau, also der Norden und der Westen des Landes, unterstanden, sowie in das Doppelerzbistum Kalocsa-Bács, das den Süden und den Osten des Landes betreute und dessen wichtigste Diözesen Weißenburg, Wardein und Agram waren.

Der König verfügte über den größten Grundbesitz, gab aber immer einen Teil seiner Grundherrschaften an die Königin ab. Dieser fielen Herrschaften im Bergwerksgebiet Oberungarns, in Máramaros, wo es Salzbergwerke gab, und in Diosgyör zu.

Die Verwaltung dieser Komitate lag zumeist in den Händen der Magnaten, doch hatte es sich im ungarischen Staate nicht eingebürgert, diese Ämter bei einer Familie jeweils erblich werden zu lassen. Das bedeutete für den König, sollte er entsprechende Entschlußfreudigkeit zeigen, die Möglichkeit, wichtige Ämter mit ihm genehmen Personen zu besetzen. Traditionell war eigentlich nur die Leitung der königlichen Kanzlei, denn meistens war der Erzbischof von Gran Kanzler des Königs.

Gegen Ende des 15. Jahrhunderts kann man in Ungarn eine Bevölkerung von 4 Millionen Menschen annehmen; nur ein Tausendstel davon, nämlich die Magnaten, besaß ein Drittel von Grund und Boden. Mehr als die Hälfte der gesamten Einkünfte des Landes resultierte aus der Agrarproduktion, der Rest aus den Erträgnissen der reichen Vorkommen an Bodenschätzen. In Ungarn wurden Kupfer (Oberungarn), Silber (Westslowakei) und vor allem Gold (Westslowakei, auch in Siebenbürgen) abgebaut; bei Gold war Ungarn der größte Produzent Europas.

Trotzdem war es nicht möglich, den Handelsumsatz des Landes zu steigern. Dies hing ganz wesentlich mit der geographischen Lage Ungarns zusammen. Die Beckenlage des Landes verursachte eine gewisse Abkapselung, die wichtigen europäischen Handelswege gingen an Ungarn vorbei. Die Donau als Handelsweg spielte damals noch nicht die Rolle, die ihr später – erst nach der Beseitigung der türkischen Herrschaft in Ungarn – zukam.

Zurückkommend auf König Sigismund, der nach 1410 römisch-deutscher Kaiser war, muß festgestellt werden, daß sich letztere Tatsache für Ungarn kaum auswirkte, außer daß der König viele Monate des Jahres außer Landes weilte. Schon sehr früh hatte der ungarische Adel Sigismunds Schwiegersohn Albrecht V. nach erbrechtlichen Grundsätzen, in der Urkunde hieß es iure hereditario, als künftigen Nachfolger des Königs akzeptiert. Als Sigismund 1437 starb, bestand kein Zweifel, daß sein Schwiegersohn, der Habsburger Albrecht V., gewählt würde.

Die Unterstützung der mächtigen Familien der Magnaten hatte Sigismund auch durch seine zweite Ehe mit Barbara von Cilli, deren Schwester mit einem Grafen Garai verheiratet war, gewonnen. Ähnlich wie bei der Wahl Sigismunds, mußte auch Albrecht (coronandus rex – der zu krönende König) Wahlbedingungen akzeptieren. Er legte einen die Verfassung schützenden Krönungseid ab. Bei seiner Wahl zeigte sich zum ersten Mal – in noch verschleierter Form – das Vordringen des Komitatsadels, der trachtete, sich mit dem König gegen die Barone des Landes zu verbünden.

Diese Förderung des Komitatsadels dürfte auf Johann Vitéz, Beamter der königlichen Kanzlei und selbst dem niederen Adel entstammend, zurückgehen. Ihm ist die Einschaltung des Komitatsadels in die Politik dadurch gelungen, daß wesentliche Beschlüsse aus dem königlichen Rat in den Reichstag, wo der Komitatsadel vertreten war, verlegt wurden.

Doch nicht lange konnte sich König Albrecht der verstärkten Königsmacht erfreuen. Bei der Vorbereitung für einen Feldzug gegen die Türken erkrankte er an der Ruhr und starb in Langendorf bei Gran – er befand sich auf dem Wege nach Wien, wo er hoffte, von seiner Krankheit geheilt zu werden – im Alter von 42 Jahren am 27. Oktober 1439.

Doppelkönigtum und Herrschaft eines unmündigen Königs

Noch vor seinem Tode hatte König Albrecht ein Testament verfaßt, in dem er die ungarischen Stände aufforderte, seinem ungeborenen Sohn – seine Gattin Elisabeth, die Tochter König Sigismunds, war zum dritten Male schwanger, und man hoffte nach der Geburt von zwei Mädchen endlich auf den Erben – die Treue zu halten und ihn als Herrscher anzuerkennen.

Doch die Großen des Landes wollten lieber einen König, der das von den Türken bedrohte Land verteidigte, als einen Säugling in Windeln.

Sie vermeinten ihn in dem damals 15jährigen Wladislaw Jagello, dessen Vater Wladislaw in erster Ehe mit Hedwig von Anjou, einer Tochter Ludwigs I. von Ungarn, verheiratet gewesen war, gefunden zu haben. Es wurden daher Verhandlungen mit Polen angebahnt, gleichzeitig war man sich des berechtigten Anspruches der verwitweten Königin Elisabeth bewußt.

Die im Jänner 1440 zu Ofen versammelten Barone faßten daher den Entschluß, daß Königin Elisabeth sich mit Wladislaw Jagello vermählen sollte. Sie wies vergeblich auf ihre bevorstehende Entbindung und die Möglichkeit der Geburt eines Sohnes hin – der Altersunterschied wurde dabei überhaupt nicht in Betracht gezogen: Wladislaw Jagello war 15 Jahre alt, Elisabeth hatte immerhin schon das 30. Lebensjahr erreicht –, als die Vertreter der Stände nach Krakau zu Verhandlungen mit Wladislaw aufbrachen. Da er die Wahlbedingungen der Stände annahm, wurde er feierlich in Krakau inthronisiert und nach Ungarn zur Krönung geleitet. Er hatte geloben müssen, Ungarn gegen die Türken zu verteidigen („ab invasione Turcorum tueratur et defendat") und Elisabeth zu ehelichen. Sollten dieser Verbindung keine Kinder entspringen, wäre das nachgeborene Kind König Albrechts erbberechtigt.

Inzwischen hatten sich in Ungarn geradezu abenteuerliche Dinge ereignet. Königin Elisabeth, eine tatkräftige und ehrgeizige Frau, war entschlossen, die Herrschaftsansprüche für ihren noch ungeborenen Sohn unter allen Umständen zu sichern. Sie beauftragte ihre Kammerfrau Ilona Kottaner, Witwe des Ödenburger Bürgermeisters Peter Szekeles und mit einem Wiener Bürger verheiratet, die Stephanskrone in einem kühnen Unternehmen aus der Burg Visegrád an der Donau, wo die Kronjuwelen schon geraume Zeit verwahrt worden waren, zu entwenden. Die Kottanerin war 1437, als die Kronjuwelen nach der Krönung von König Albrecht wieder nach Visegrád gebracht worden waren, Zeugin der Hinterlegung der Juwelen gewesen und wußte daher über Ort und Art der Hinterlegung genau Bescheid. Sie sicherte sich die Hilfe zweier ungarischer Getreuer der Königin Elisabeth und stahl die Krone. Über dieses Unternehmen hinterließ Ilona Kottaner einen höchst bemerkenswerten Bericht. Ihre „Denkwürdigkeiten" schildern nicht nur in allen Einzelheiten den Raub der Krone („Do nam mein helfer ainen Ratsamedeinen polster, vnd trennat den auf vnd nam der vederen ainen tail her aws, vnd tet die heilig kran in den polster vnd neyat in wider zue."), sondern auch die späteren Ereignisse. Ilona Kottaner brachte die Krone über die vereiste Donau zur Königin nach Komorn, die dort am 21. Februar 1440 einen Sohn geboren hatte. Er erhielt den Namen Ladislaus und wurde später, da nach dem Tode des Vaters geboren, Postumus genannt. Gesandte der Königin versuchten nach der Geburt des Kindes die Unterhandlungen mit dem polnischen Prätendenten abzubrechen, doch mißlang dieser Versuch. In den Vertrag mit Wladislaw wurde nur zusätzlich der Passus aufgenommen, daß auch das polnische Heer im Kampf gegen die Türken an der Seite der Ungarn zu stehen hätte. Außerdem mußte sich der Pole verpflichten, die beiden älteren Töchter Elisabeths entsprechend zu verehelichen. (Diese heirateten erst Jahre nach seinem Tode, Anna 1446 Wilhelm III. von Sachsen und Elisabeth 1454 Kasimir IV. von Polen, einen Bruder Wladislaws.)

In dieser Situation entschloß sich Elisabeth zur Wahrung der Ansprüche ihres Sohnes, diesen mit der Krone des heiligen Stephan zu Stuhlweißenburg zu krönen. Die Königin stand in dieser Lage nicht völlig allein, sondern einige mächtige Adelsfamilien ergriffen ihre Partei. Es waren dies in erster Linie die Familie Cilli und die Familie Garai, die mit der Königin verwandt waren. Denn König Sigismunds zweite Frau Barbara war eine Gräfin Cilli, ihre Schwester Anna war mit Nikolaus Garai verehelicht. Der Neffe der beiden, Ulrich von Cilli, hatte Katharina, die Tochter des mächtigen Despoten von Serbien, Georg Brankovic, geheiratet. Diese Adelsfamilien waren vor allem in Westungarn begütert. So fand am 14. Mai 1440 in Stuhlweißenburg die Krönung eines drei Monate alten Säuglings mit der Stephanskrone durch den Erzbischof von Gran, Dionys Szécsi, statt.

Die Schilderung dieser Krönung verdanken wir ebenfalls den „Denkwürdigkeiten" der Kottanerin. Dieser Bericht ist auch deshalb so bemerkenswert, weil dies die älteste detaillierte Schilderung einer Königskrönung in Ungarn ist, die alle für eine einwandfreie Krönung notwendigen Bedingungen anführt: „Kung Lassla, Kung Albrechts Sun vnd Kaiser Sigmunds Enykel, Der ist an dem heiligen Phingstag [15. Mai 1440] mit der heiligen Kron von dem ErczBischoue von Gran zu Weissenburg gekront worden. Wann Si habent drew gesecz in dem Kungreich zu Vngeren. Vnd wo der ains abgeet, da mainen Sie, daz der nicht rechtleich Kung sey. Das ain gesecz ist daz, vnd das haisst, daz ain Kung zu Vngern sol gekront werden mit der heilig kron. Das ander, daz in sol kronen der Ercz Bischoue zu Gran. Das dritt, daz die kronung sol beschehen zu Weissenburgk. Die drey geseczt die sind volkomenlich gehalden worden zu dem edelen kung Lassla, vnd an dem selben tag, als sein gnad gekronet ist worden, ist er gleich zwelf wochen alt gewesen."

Im Namen des zwölf Wochen alten Königs leistete Ulrich von Cilli den Krönungseid. Den Augenzeugenbericht über die Krönung verfaßte bzw. diktierte die Kottanerin wahrscheinlich erst zehn Jahre später. 1452 erhielt sie von König Ladislaus für besondere Verdienste die Herrschaft Kisfalud zum Geschenk; König Mathias hat ihr diesen Besitz später bestätigt.

In Ofen war mittlerweile Wladislaw eingetroffen, und der Bischof von Erlau, Simon Rozgonyi, berief den Reichstag ein. Die Partei des polnischen Königs, unter ihnen der wegen seiner Siege über die Türken bereits sehr mächtige János Hunyadi, war vollzählig erschienen, aber auch Anhänger der Königinwitwe, denen man freies Geleit zugesichert hatte. Ujlaki ging zur polnischen Partei über, Garai und Dionys Szécsi aber wurden inhaftiert. Erst nachdem sie gelobt hatten, die Krone aus Visegrád, wo sie sie verwahrt meinten, zu holen, ließ man sie frei. Die Krönung des Ladislaus wurde für ungültig erklärt. Doch in Visegrád wurde keine Krone gefunden; so krönte man den polnischen König mit der Funeralkrone des Kopfreliquiars des heiligen Stephan.

In Ungarn gab es nun zwei Könige: Wladislaw, von der Mehrheit der Stände gewählt, aber nicht rechtmäßig gekrönt, und Ladislaus Postumus, von einer Minderheit, aber aufgrund des Legitimitätsprinzips erkoren und ordnungsgemäß gekrönt. Nun stand das Land vor dem Bürgerkrieg, zumal Königin Elisabeth durch ihren Feldhauptmann Johann Giskra von Brandeis die reichen Städte Nordungarns hatte besetzen lassen.

Neben dieser „legalen" Heimsuchung in Nordungarn nutzten auch regelrechte Räuberbanden die herrscherlose Lage des Königreiches. Land und Bevölkerung von Liptau wurden von der Bande des Polen Peter Komorovsky verwüstet, das Komitat Turócz wurde von dem Ungarn Pancratius Szentmiklósy verheert.

Doch Elisabeths Mittel reichten nicht zur Fortsetzung des Kampfes. Sie mußte erst die Stephanskrone, dann westungarische Besitzungen wie Ödenburg und schließlich auch ihr Kind ihrem Verwandten König Friedrich IV. verpfänden. König Friedrich IV. (als Kaiser ab 1452 Friedrich III.) entstammte als Sohn Ernst des Eisernen und der legendären Zimburgis von Masowien der leopoldinischen Linie der Habsburger und war nach Albrechts Tod 1440 zum deutschen König gewählt worden. Mit seinem Bruder Albrecht VI. hatte sich Friedrich im Vertrag von Hainburg vom August 1440 geeinigt, daß er die Vormundschaft über den unmündigen Ladislaus übernähme. Ladislaus wurde nach Wiener Neustadt in die „Obhut" Friedrichs, die fast einer Gefangenschaft gleichkam, gebracht. In den nächsten Jahren war er ein Spielball der Politik zwischen Böhmen, Österreich und Ungarn, wahrscheinlich ein todunglückliches Kind, das wie eine Ware hin und her geschoben wurde.

Nachdem in Ungarn beide Parteien einander Gefechte geliefert und Provinzen verwüstet hatten, kam durch die Vermittlung des päpstlichen Legaten Julian Cesarini ein Waffenstillstand zustande. Während der darauf eingeleiteten Friedensverhandlungen, in deren Verlauf Elisabeth für die ungarischen Stände teils unannehmbare Bedingungen stellte – für einen Verzicht auf die Krone Ungarns sollte der Polenkönig die Zips erhalten –, starb die Königin plötzlich.

Im Namen ihres Sohnes und seines Vormundes eröffnete Giskra wieder die Feindseligkeiten, der Kleinkrieg in Nordungarn wurde trotz der Türkengefahr zum Schaden des Landes fortgeführt.

Hunyadi brachte 1443 den Türken bei Niš eine entscheidende Niederlage bei, aber im folgenden Jahr drohten wieder Einfälle der Osmanen. Als man auf dem Reichstage in Buda das Türkenproblem beriet, lud man auch Giskra von Brandeis ein, um dem Feind endlich ein geeintes Land entgegenstellen zu können. Doch Giskra weigerte sich, auf den Polen einen Eid abzulegen, und verließ den Reichstag. Nachdem Wladislaw trotz eines Übereinkommens mit den Türken doch wieder zu einem Feldzug überredet worden war, fiel er in der unglücklichen Schlacht bei Varna, auf die bei der Darstellung von János Hunyadi noch näher eingegangen wird.

Nach seinem Tode wurden zu Anfang des Jahres 1445 die Stände von Hunyadi und dem Palatin Lorenz Hédervāry nach Stuhlweißenburg geladen, um über das Schicksal des Landes zu beraten. Da noch die Hoffnung bestand, Wladislaw habe sich nach Polen geflüchtet, und diese Fiktion von Hunyadi, der über den Tod des Königs genau Bescheid wußte, nicht bekämpft wurde, erfolgte erst drei Monate später in Pest eine Entscheidung. Die Magnaten anerkannten nun Ladislaus Postumus als ungarischen König und setzten ein Jahr später Hunyadi als Reichsverweser für den unmündigen Knaben, der sich aber noch in der Gewalt König Friedrichs IV. befand, ein.

Verhandlungen mit Friedrich wurden eingeleitet, und 1447 legte ein Waffenstillstand zwischen ihm und János Hunyadi fest, daß Ladislaus bis zu seinem 18. Geburtstage bei seinem Oheim bleiben sollte.

In den folgenden Jahren sah sich Friedrich zunehmenden Schwierigkeiten mit den Ständen Österreichs gegenüber. 1451 einten sich diese im Mailberger Bündnis gegen den König und verlangten die Herausgabe seines Mündels Ladislaus, den sie als rechtmäßigen Landesherrn betrachteten. Da Friedrich weder über die finanziellen noch über die militärischen Mittel gebot, die Stände in die Schranken zu weisen, mußte er sich im September 1452 zu einem Vergleich verstehen. Zur gleichen Zeit liefen Verhandlungen Friedrichs mit Vertretern Ungarns, die die Rückkehr des Ladislaus als gewählten ungarischen König verlangten. Ladislaus wurde aber nicht den ungarischen Baronen anvertraut, sondern seinem Oheim Ulrich von Cilli. Am 6. September dieses Jahres zog der zwölfjährige König als Landesherr in Wien ein.

Ungarn stand in diesen Jahren unter der Reichsverweserschaft Hunyadis und der sieben Kapitäne. Das Land befand sich fast ständig im Kampf mit den Türken, wobei die Hauptlast des Krieges von Hunyadi getragen wurde. Dieser legte 1453 seine Reichsverweserschaft nieder, nachdem Ladislaus nach Ungarn zurückgekehrt war und in Preßburg vor den versammelten Ständen seinen Eid auf die bisherigen Privilegien und Rechte des Landes geleistet hatte.

Dieses Jahr 1453 war aber auch ein Jahr der Katastrophe im Türkenkampf – Ende Mai hatten die Osmanen unter dem Kommando Sultan Mehmeds II. Konstantinopel erobert. Der letzte Herrscher des byzantinischen Reiches, Constantin XI. Paleologus, hatte die Stadt in einem verzweifelten Kampf gegen die türkische Übermacht nicht halten können. Mit der Eroberung Konstantinopels aber hatten sich die Türken in Europa festgesetzt und einen wichtigen Stützpunkt für weitere Feldzüge nach Westen gewonnen.

Unter dem Eindruck dieser Katastrophe schien es, als ob auch Kaiser Friedrich III. eine aktivere Politik gegenüber den Osmanen verfolgen wollte. Treibender Motor hinter dieser aggressiven Haltung des Kaisers war Enea Silvio Piccolomini, Kanzler des Kaisers. Auf seine Anregung hin wurde für den für April 1454 nach Regensburg einberufenen Reichstag auch der Türkenkrieg auf das Verhandlungsprogramm gesetzt. Friedrich ließ sich, was wieder seine Lethargie unter Beweis stellt, durch Enea Silvio und Kardinal Nikolaus Cusanus vertreten. Sie waren engagierte Vertreter einer aktiveren Politik gegenüber den Türken. Von den Reichsländern waren nur Bayern und Brandenburg sowie Burgund durch Karl den Kühnen vertreten. Ungarn hatte keinen Abgesandten geschickt. Wirklich vehement für einen Türkenkrieg trat Karl der Kühne ein. Entschlüsse wurden aber keine gefaßt, Entscheidungen auf einen späteren Reichstag verschoben. Fast verzweifelt reagierte Piccolomini auf die Entwicklung; am 5. Juli 1454 schrieb er: „Es ist ein zweiter Reichstag angekündigt, ... Wir werden sehen, wie es um den Eifer unserer Italiener steht. Auch die Könige von Frankreich, England, Böhmen, Ungarn, Polen, Dänemark, Schweden, Norwegen und Schottland sind schriftlich eingeladen worden, ihre Gesandten zu schicken. Die Fürsten und Grafen Deutschlands sollen persönlich erscheinen oder sich vertreten lassen. Ihr fragt, was ich davon halte, was ich erwarte? Darüber möchte ich am liebsten ganz schweigen; ich wünsche, meine Ansicht von den Dingen wäre grundfalsch, und ich könnte eher den Namen eines falschen, als eines wahren Propheten verdienen ... Ich hoffe nicht, was ich wünsche; ich kann mir nichts Gutes versprechen."

Auch auf dem Reichstag in Frankfurt 1454, auf dem Johannes Capistran, ein engagierter Prediger gegen die Türken, persönlich erschien, ereignete sich nichts Entscheidendes. Der dritte Reichstag in dieser Causa vom 2. Februar 1455 in Wiener Neustadt war wegen der großen Entfernung für viele Teilnehmer nur sehr schwach besucht. Dort hielt Enea Silvio eine flammende Rede, Karl der Kühne ließ durch seinen Vertreter erklären, daß er selbst an einem Feldzug gegen die Türken teilnehmen wollte. Trotzdem geriet die gesamte Türkenpolitik des Reiches in eine Phase der Stagnation. Auch der päpstliche Legat Castiglione verlegte sich eher auf lahmes Taktieren. Johann Vitéz, der an diesem Reichstag als Vertreter Ungarns teilnahm, hielt eine kluge Rede, in der er Friedrich zum großen Türkenkämpfer hochstilisierte. Allerdings war diese Rede viel zu gelehrt, um die dort Anwesenden für ein tatkräftigeres Vorgehen zu gewinnen. Nur Enea Silvio war, nach guter Humanistenmanier, begeistert und plädierte für einen Kriegszug. Grundvoraussetzung war jedoch eine Aussöhnung Friedrichs III. mit den Ungarn, und als Papst Nikolaus V. starb, machte sich allgemeine Erleichterung breit, da man nun eher auf eine Einigung hoffte. Denn Papst Nikolaus V. war ein treuer Anhänger der friderizianischen Politik gewesen, er wollte lieber die Hussiten in Böhmen bekämpfen als einen Kreuzzug wider die Osmanen predigen. Friedrich III. löste jedoch den Reichstag auf, und wieder war ein Jahr ohne Entscheidung verstrichen.

Hunyadis fulminanter, ganz Europa begeisternder Erfolg bei Belgrad 1456 konnte auch nicht über die Tatsache hinwegtäuschen, daß Ungarn bei der Abwehr der Türken fast auf sich allein gestellt blieb. Der Tod Hunyadis beraubte zusätzlich das Land eines erfahrenen Feldherrn, der auch seine privaten Mittel und Ziele dem Türkenkrieg geopfert hatte. Von König Ladislaus war in dieser Sache nichts zu erwarten, was sich aber gut in die partikularistischen und egoistischen Pläne der Magnaten fügte. Dieser junge und schwache König war ihren Intrigen kaum im Wege. Nach seinem plötzlichen Tode 1457 konnte es nur der Wunsch der großen Familien sein, diesen Zustand zu bewahren.

Den prächtigen Vogel haben unsere Kinder
im Original aus bunten Federn zusammengeklebt.

»DIE SCHWESTERN MARIA« · KRONGASSE 2/27 · 1050 WIEN

Herkunft und Aufstieg der Familie Hunyadi

Die Herkunft der Familie Hunyadi liegt im dunkeln. Eine erste Erwähnung finden wir im Jahre 1409, als ein Hunyadi, im Dienste des Königs Sigismund stehend, in einer Urkunde erwähnt wird. Vor dieser Zeit gibt es über die Familie keine schriftliche Quelle. Damals erhielt Vojk (oder Vajk, Wajk – es sind verschiedene Schreibweisen überliefert) im Komitat Fehér die Herrschaft Hunyadvár. Als Mitbesitzer dieser Herrschaft wurden die Brüder Vojks, Magos und Radul, angeführt, ein Onkel Radul und ein Sohn Johann. Dieser Sohn Johann war der spätere berühmte Türkenkämpfer. Nach dem Jahr 1419 trug die Familie schon den Namen dieses damals erworbenen Gutes, sie nannte sich Hunyadi. Es gibt eine Reihe von Theorien – keine wurde bisher schlüssig bewiesen –, daß es sich um eine ungarische, eine walachische oder eine serbische Adelsfamilie gehandelt habe. Fest steht, daß die Familie Hunyadi aus dem niederen Adel stammte.

Johann Hunyadis Vater Vojk war ein Söldnerhauptmann, der sich im Grenzkrieg gegen die Türken hervorgetan haben mag und als Dank dafür die Herrschaft Hunyadvár erhalten hatte. Bis dahin war er jedenfalls keineswegs vermögend. Auch über die Ehefrauen, möglicherweise waren es nämlich zwei, dieses Vojk wissen wir nichts. Da Exaktes über die Herkunft der Familie des großen Türkenkämpfers nicht zu erfahren war, wucherten bald Legenden und Mythen. Einmal galt Johann Hunyadi als der uneheliche Sohn König Sigismunds, ein anderes Mal als der uneheliche Sohn der Gattin Ludwigs des Großen (1342–1382), Elisabeth, und schließlich sogar als der uneheliche Sohn des serbischen Fürsten Stephan Lazarevic (1389–1427). All dies ist nur Gerücht und hat nicht die geringste Wahrscheinlichkeit.

János Hunyadi wurde um 1408 geboren, über seine Jugend und Erziehung ist wenig bekannt. An erster Stelle dürfte wohl die militärische Ausbildung gestanden sein, auch hatte er eine zeitübliche, gute religiöse Erziehung erfahren. Von seinen Zeitgenossen wurde er als sehr religiöser Mensch beschrieben. Sicherlich verfügte er über keine humanistische Bildung. Seine Lateinkenntnisse waren mangelhaft, allerdings war es ihm in seiner Jugend möglich, als Page an den Höfen der Adeligen zu leben und zu lernen. So lebte er ziemlich sicher am Hofe des Georg oder des Nikolaus von Csáky, er diente bei Lazarevic und am Hofe der Ujlakis. Später trat er in den Dienst des Königs Sigismund und lernte, in seinem Gefolge reisend, Böhmen und Italien kennen. Um 1430 diente er als aulae miles, als mittelrangiger Soldat, am Hofe des Königs. Wahrscheinlich zwischen 1427 und 1430 heiratete er Elisabeth von Szilágyi, die einer sehr gut situierten Adelsfamilie entstammte. Sein Schwiegervater war ein begabter Soldat, den aber sonst keine besonderen Fähigkeiten auszeichneten. Nach seiner Verehelichung stand János Hunyadi einige Jahre im Dienste des Herzogs von Mailand, Philipp Maria (1412–1447). König Sigismund stellte damals dem Herzog Truppen zur Verfügung, für die dieser aber selbst aufkommen mußte. Herzog Philipp Maria bezahlte seine Söldner wahrhaft fürstlich und hat damit wahrscheinlich einen Grundstein für das spätere Vermögen Hunyadis gelegt.

Die italienische Lehrzeit war für Johann Hunyadi ganz besonders wichtig. Wir wissen, daß er in Mailand Francesco Sforza (Herzog 1450–1465) kennenlernte und bleibende Eindrücke über das italienische Heerwesen aufnahm. Dieses war weit fortgeschrittener als die ungarische Heeresverfassung. Aber nicht nur auf dem militärischen Sektor war der Italienaufenthalt für Hunyadi prägend, er machte auch Bekanntschaft mit den neuen Lehren des Humanismus. Die Kenntnis dieser neuen Weltsicht sollte noch bei der Erziehung seiner Söhne eine große Rolle spielen.

1433 kehrte Hunyadi in den Dienst des Königs Sigismund zurück und begleitete ihn, als Sigismund von seiner Krönung in Rom zum Basler Konzil zog. In diesem Jahr gewährte der Gefolgsmann Hunyadi, der offenbar sparsam wirtschaftete, seinem König ein Darlehen von 1 200 Gulden. Da dieser nicht in der Lage war, dieses Darlehen zurückzuerstatten – in den Kassen der römisch-deutschen Kaiser herrschte chronische Ebbe – verpfändete Sigismund die Stadt Papi im Komitat Arad an Hunyadi. Die Pleite seiner Kassen war aber für König Sigismund tatsächlich nicht nur eine vorübergehende, bereits 1435 borgte er sich von Hunyadi weitere 300 Gulden und gab ihm dafür die Stadt Komjáth zum Pfande. 1437 erhielten die Brüder Hunyadi, János und sein Bruder Johannes, den ganzen Bezirk Komjáth.

Hunyadi dürfte immer mehr das Vertrauen des Kaisers erworben haben, denn 1436 oder 1437 begleitete er den Kaiser nach Böhmen, wo noch immer der Kampf mit den Hussiten schwelte. Nach den Basler Kompaktaten waren diese Auseinandersetzungen schon etwas gemildert, nur die Taboriten lieferten dem König noch immer heftige Kämpfe. In Böhmen lernte János Hunyadi die Kriegstechnik der Hussiten kennen, die er später im Kampf gegen die Türken erfolgreich einsetzte. Er diente dem Nachfolger Sigismunds, Albrecht, treu und ergeben und gehörte, als sich dieser in Böhmen aufhielt, zu seiner Begleitung. 1439 ging er endgültig nach Ungarn zurück. Damals wurde er von allen als ein hervorragender Heerführer beschrieben, der allerdings noch keine großen Einheiten kommandiert hatte, aber seine Untergebenen – im christlichen Sinne – gut behandelte. In dieser Zeit soll er mit Hilfe eines Übersetzers die römischen Klassiker über das Kriegshandwerk studiert haben.

Noch im Jahr 1439 erhielt er von König Albrecht den Auftrag, Grenzbefestigungen gegen die Türken verteidigungsbereit zu machen. Anstatt eines Soldes erhielt er neuerlich Landbesitz zum Pfand, und zwar einen Teil des Komitates Bodrog. 1439 im Kampf um Semendria, der für das ungarische Heer eine peinliche Niederlage darstellte, konnte sich die Einheit János Hunyadis besonders bewähren und Ruhm erringen. Zu diesem Zeitpunkt gehörte János Hunyadi auch schon dem königlichen Rate an – allerdings ohne Stimme. Bereits damals trat er für den Aufbau eines Söldnerheeres ein, denn nur ein solches wäre gegen die mächtig an den Grenzen drohenden Türken schlagkräftig genug. Das bisherige Adelsaufgebot war keineswegs der wohlorganisierten Armee der Osmanen gewachsen. Ende des Jahres 1439 wurde Hunyadi zum Banus der Provinz Szörény ernannt.

Nach dem Tode König Albrechts ging das Vertrauen des neuen Herrschers Wladislaw auch auf Hunyadi über, und er erhielt weitere Gebiete als Belohnung für seine besonderen Verdienste. In den Auseinandersetzungen nach dem Tode Albrechts war Hunyadi auf seiten derer gestanden, die einen starken König wünschten, und hatte daher die Wahl des Polen Wladislaw unterstützt. Den Truppen Elisabeths, der Mutter des jungen Ladislaus Postumus, wurde unter seinem Kommando eine empfindliche Niederlage zugefügt. Um die Jahreswende 1440/41 wurde er zum Woiwoden von Siebenbürgen bestellt, um der türkischen Gefahr ernstlich zu begegnen. Seinen ersten großen Sieg errang er, als er 1441 die Türken bei Belgrad zurückschlug. Dieser Erfolg machte ihn auch weithin bekannt. Allein schon im Jahre 1442 brach die türkische Gefahr wieder überraschend über das Land herein, als unter dem Beg Mezig von Nikopolis die Osmanen neuerlich in Siebenbürgen einfielen. Hunyadi mußte bei Marosszentimre eine Niederlage hinnehmen, konnte aber fliehen und in überaus kurzer Zeit neue Truppen sammeln, um sie wieder gegen die Türken zu führen. Schon wenige Tage später griff er neuerlich an, Beg Mezig fiel, und das türkische Heer floh regellos. Noch im gleichen Jahr hatte er heftige Abwehrkämpfe in der Walachei zu führen, und an der oberen Jalomitza konnte er erfolgreich eine Schlacht gegen die Türken schlagen. Er führte seine Formationen gegen die besonders kompakt in dichten Reihen anmarschierenden Türken in einer neuen taktischen Form. Aus der Not eine Tugend machend – er war den Truppen der Osmanen an Zahl immer unterlegen –, stellte er seine Truppen ganz lokker auf und errang damit wieder einen Sieg. Vor allem aber war der moralische Erfolg über diesen als unüberwindlich geltenden Feind beachtlich. Sein Name als Sieger über die Türken war in ganz Europa in aller Munde.

Nun vermittelte Kardinal Julian Cesarini im Auftrag des Papstes Eugen IV. zwischen der Partei Hunyadis, der auf seiten des Königs stand, und der Königinwitwe Elisabeth, um einen Waffenstillstand herbeizuführen, damit das gesamte Königreich gemeinsam gegen die Türken kämpfen könnte. Aber 1443 stellte sich auf dem Reichstag, der über ein großes Türkenaufgebot beraten sollte, heraus, daß die Versprechungen des päpstlichen Legaten nur Worte gewesen waren, er aber keinerlei materielle Hilfe bieten konnte. Als János Hunyadi in Westeuropa, im deutschen Reich Unterstützung für seinen Kriegszug zu finden suchte, scheiterte er. Trotzdem unternahm er allein einen Feldzug. Er stützte sich hauptsächlich auf Söldnertruppen, die in Ungarn, Polen und Serbien geworben worden waren, aber auch auf einige tausend, wie man sie damals nannte, „Kreuzfahrer". Es waren dies vorwiegend Freiwillige aus den verschiedenen Ländern Westeuropas. Dieser Feldzug des Jahres 1443, der Mitte August begann und den Namen „Der lange Feldzug" trägt, stand unter dem Kommando des jungen, aus Polen stammenden Königs Wladislaw, aber als eigentlicher Befehlshaber fungierte Hunyadi. Mit ca. 35 000 Mann überschritt man bei Belgrad die Donau in Richtung Niš, Ende Oktober überwältigte man bereits in der Nähe von Niš eine türkische Einheit und konnte Niš erobern. Anfang November wurden drei weitere kleinere türkische Einheiten geschlagen, und Hunyadi marschierte in Richtung Sofia. Am 3. November schlug er in der Ebene von Niš ein Heer von ca. 30 000 Türken, eine große Zahl von Fahnen wurden erbeutet, viele Gefangene gemacht. Dieser Sieg löste nun europaweit eine Welle der Begeisterung aus. Zum ersten Mal begann man zu hoffen, daß es Möglichkeiten des Sieges über die Türken gäbe.

Die Fortführung dieses Feldzuges war allerdings durch die winterlichen Verhältnisse schwer behindert, und ein weiterer Vormarsch nach Philippopel war unmöglich. Hunyadi schlug die Osmanen am 24. Dezember 1443 bei Melstica, am 21. Jänner des nächsten Jahres errang er neuerlich einen bedeutenden Erfolg am Berge Kunovica. An diesem Kampf hatte auch König Wladislaw teilgenommen und war leicht verwundet worden. Trotz dieser Siege stand das ungarische Heer am Rande der Erschöpfung und drohte sich aufzulösen. Hunyadi, der vom König als Belohnung die Gebiete Kucevic und Braniceva erhalten hatte, eilte nach Buda, um unermüdlich einen neuen Feldzug vorzubereiten. Aus ganz Europa langten Glückwünsche und Delegationen ein, die Hunyadi und den König bedrängten, den Krieg gegen die Osmanen fortzusetzen. Doch die polnischen Gefolgsleute des Königs weigerten sich, an einem weiteren Kampf teilzunehmen; sie wollten endlich die innenpolitischen Verhältnisse zugunsten ihres Königs geklärt haben. Trotzdem bereitete Hunyadi sorgfältig einen neuen Feldzug vor. 64 000 Gulden soll er aus seinem eigenen Vermögen für die Anwerbung von Söldnern ausgegeben haben. Auf Verbündete konnte er kaum rechnen, nur Skanderbeg (eigentlich Georg Castriota), König von Albanien, der sich nach dem Sieg bei Niš gegen die Türken erhoben hatte, versprach Hilfe. Auch mit dem serbischen König Georg Brankovic (1427–1457) und mit Vlad II. Drakul (1430–1446), Fürst der Walachei, kam ein antitürkisches Bündnis zustande. Angesichts dieser Koalition unterbreitete Murad II. ein Friedensangebot. König Wladislaw entschloß sich zu Verhandlungen, und man unterzeichnete mit dem Sultan am 1. August 1444 einen auf zehn Jahre abgeschlossenen Waffenstillstand. Dies hätte für Ungarn die dringend nötige Atempause zur Konsolidierung des Landes bringen können. Doch der päpstliche Legat Cesarini ließ nicht davon ab, die Ungarn wieder zu einem Kriegsabenteuer aufzuhetzen, ja er erklärte sogar den Vertrag mit dem Sultan für ungültig. Schließlich gelang es ihm, Wladislaw umzustimmen, der – von seinen Polen im Stich gelassen – dem Sultan nur wenig mehr als 20 000 Mann entgegenführen konnte. Hunyadi gehörte auch damals zu den Befürwortern des Feldzuges und errang anfangs tatsächlich Erfolge. Doch bei Varna stand ihm der Sultan mit 40 000 Mann gegenüber. Zur großen Überraschung der Ungarn war es ihm gelungen, eine so stattliche Streitmacht nach Europa überzusetzen; nicht unbeteiligt an dieser gelungenen Operation waren aber auch genuesische Kaufleute, die die türkischen Soldaten auf ihren Schiffen transportiert und pro Mann einen Dukaten erhalten hatten.

Da Murad II. den Ungarn den Rückzug abgeschnitten hatte, mußten sie sich in einer offenen Feldschlacht stellen. Anfangserfolge gegen die türkische Reiterei konnten gegen die mächtig anrückenden Janitscharen nicht gehalten werden. Ein unüberlegtes Vorstürmen des jungen Königs führte ihn mitten in die türkischen Heerhaufen, wo er gefangen und vor den Augen seiner Soldaten schmählich niedergemetzelt wurde. Hunyadi konnte nichts mehr retten und floh. Der päpstliche Legat Cesarini, der diesen unsinnigen Feldzug so nachdrücklich betrieben hatte, fand ebenfalls den Tod. Ob er in der Schlacht fiel oder von empörten Ungarn getötet wurde, konnte nie aufgeklärt werden. Aber auch die Verluste der Osmanen waren so schwer, daß Murad nicht an eine Verfolgung denken konnte. Über das Schicksal des Königs wußte Hunyadi zwar Bescheid, ließ aber darüber Unklarheit bestehen. Zweifellos war es seine Absicht, niemanden vom Tode des Königs zu benachrichtigen, bevor er nicht selbst Entscheidungen beeinflussen konnte. Jedenfalls war dieser unüberlegt gestartete Feldzug für die weitere Entwicklung ein folgenschwerer Fehler. Die Heere der Osmanen konnten sich nunmehr unbehindert der Eroberung Konstantinopels widmen.

Bereits für Februar waren die Großen des Landes nach Székesfehérvár geladen, um über das weitere Schicksal des Landes zu beraten. Man einigte sich schließlich dahingehend, sieben Landeskapitäne zu bestellen, die die Ordnung im Lande aufrechterhalten sollten. Es waren dies Nikolaus von Ujlaki, Johann Giskra, Georg von Rozgonyi, Imre Bebek de Pelsöczi, Mihály Országh, Pongrácz von Szentmiklósi und Hunyadi selbst, der das Gebiet jenseits der Theiß zur Verwaltung erhielt. Aber das Problem der Königswahl war noch immer ungelöst. Im Mai 1445 erreichte nun Hunyadi auf dem Reichstage, daß Ladislaus Postumus als König anerkannt wurde, allerdings erst dann, wenn er selbst im Lande anwesend wäre. Sollte er nicht kommen, würden die Stände einen anderen König wählen. Inzwischen hatten die Landeskapitäne die Anordnungen des Reichstages auszuführen und im Auftrage des Reichstages das Land zu verwalten. Es war nun die Aufgabe der Stände, die Krone wiederzugewinnen und den jungen König nach Ungarn zu holen.

Hunyadi verwaltete sein Gebiet mit äußerster Strenge und machte sich wieder an die Vorbereitung eines Türkenkrieges. Er wandte sich an den Papst um Hilfe, erhielt aber von Eugen IV. außer dem Versprechen eines Ablasses keine entscheidende Unterstützung. Im Land selbst entstanden ernstliche Probleme mit Johann Giskra, der sich nicht an die Reichstagsbeschlüsse gebunden fühlte. Friedrich von Österreich eroberte inzwischen Köszeg. All dies war ein Symptom für die völlig ungeklärten Machtverhältnisse im Land, für den geradezu chaotischen Zustand.

Im September 1445 verhandelte eine ungarische Gesandtschaft mit König Friedrich IV. in Wien, um über die Freilassung des jungen Ladislaus eine Übereinkunft zu treffen, aber Friedrich war zu keinerlei Entgegenkommen bereit. Auch Ulrich von Cilli, der Onkel des jungen Ladislaus, versuchte seinen eigenen Machtbereich zu vergrößern und besetzte ungarische Grenzbefestigungen. Hunyadi war all diesen Ereignissen gegenüber machtlos und versuchte immer wieder auf dem Wege von Verhandlungen eine Änderung der Situation herbeizuführen. Er gab einen schon vorbereiteten Türkenfeldzug auf und konnte Cilli alle eroberten Festungen wieder abnehmen, ja auf steirisches Gebiet vordringen. Ulrich von Cilli mußte sich zu einem Vertrag herbeilassen und die eroberten Gebiete zurückgeben. Die Stellung Hunyadis festigte sich so immer mehr, er schien der einzige ruhende Pol im Lande zu sein. So nimmt es nicht Wunder, daß er auf dem Reichstag von 1446 am 5. Juni einstimmig zum Reichsverweser für Ladislaus Postumus bestimmt wurde. Sein Kompetenzbereich war klar umschrieben, bedeutete aber eine wesentliche Steigerung seines Machtpotentials. Seine Politik ging auch weiter dahin, den Krieg gegen die Türken fortzusetzen, aber unter Wahrung gesicherter Verhältnisse im Innern. Um diesen politischen Zielen dienen zu können, setzte Hunyadi nicht unbeträchtliche private Vermögenschaften ein, allerdings gehörte er damals zu den reichsten Großgrundbesitzern des Landes, wenn er nicht überhaupt der reichste war. Sein Grundbesitz belief sich im Jahre 1446 auf ca. 700 000 Hektar, wobei seine Besitzungen vorwiegend im Osten des Landes in den Komitaten Arad, Siebenbürgen und Theiß lagen. Aber auch im reichen Oberungarn war er ziemlich begütert.

In den folgenden Jahren gelang es ihm, einige der großen Familien des Landes für sich zu gewinnen. Nach und nach gingen auch der Komitatsadel und die Geistlichkeit auf seine Seite über. Sehr zielstrebig ging er an die Errichtung einer stabilen Zentralmacht für das Königtum. Ende 1446 hatten die Stände beschlossen, gegen Friedrich IV., mit dem noch immer kein Übereinkommen zustande gekommen war, Krieg zu führen, da er weder den jungen Ladislaus noch die usurpierten Gebiete herausgeben wollte. Da Friedrich diesem Kriegszug keinerlei Truppen entgegenstellen konnte, mußte er um Waffenstillstand bitten. Gleichzeitig führte wieder Hunyadi einen Kurzfeldzug gegen die Türken, wobei es diesmal um das Problem Walachei ging. Vlad Drakul, der Herrscher der Walachei, war zu den Türken übergegangen, und Hunyadi mußte gegen ihn einen Straffeldzug führen, wobei Vlad getötet wurde. Es wurde neuerlich ein Fürst der Walachei ernannt, aber auch er konnte sich nicht lang im Lande halten (Dan IV. 1446–1452). Dieses Gebiet war jedoch für die Sicherheit Ungarns ganz wesentlich, da es eine wichtige Aufmarschzone für den Sultan darstellte. Friedrich versuchte aus diesem neuerlichen Feldzug zu profitieren und behauptete, daß Hunyadi mit den Türken ein Bündnis geschlossen hätte. Es kam aber dann doch am 1. Juni 1447 zu einem Waffenstillstand, Friedrich mußte Raab zurückgeben, allerdings behielt er alle übrigen Städte, da er glaubhaft versicherte, daß er sie als Pfand für die Königin Elisabeth zur Verfügung gestellten Geldmittel erhalten hätte. Auch Ladislaus blieb in seiner Gewalt.

Im gleichen Jahr 1447 gelang es Hunyadi endlich, mit Giskra einen Friedensvertrag zu schließen, was einen wichtigen Schritt auf dem Weg zur inneren Ruhe bedeutete. Inzwischen war zwar auf dem Reichstag in Buda ein neuer Palatin gewählt worden, der nicht zu den Freunden Hunyadis gehörte, nämlich Ladislaus von Garai, aber der Reichstag bestätigte Hunyadi wieder als Woiwoden von Siebenbürgen, was ihm seine Machtfülle weiter garantierte. Er hatte in der Zwischenzeit auch das freie Verfügungsrecht über das königliche Einkommen erreicht und trachtete mit diesen Mitteln das staatliche Finanzsystem und die Staatskasse zu sanieren. Das theoretische Einkommen des Königs belief sich damals auf ca. 200 000 bis 250 000 Gulden. Tatsächlich gelangte aber nur ein geringer Teil dieses Betrages in die Staatskasse. Der Großteil davon blieb an den Händen des Hochadels kleben. Außerdem waren ganz wesentliche Einnahmequellen, wie die Salzbergwerke Oberungarns, in Händen Giskras bzw. war durch die Unruhen der letzten Jahre der Bergbau sehr gestört worden oder fast zum Erliegen gekommen. Daher waren die Erträgnisse entsprechend gering. Es ist Hunyadis großes Verdienst, diesen Bergbau wieder in Gang gesetzt bzw. neu ausgebaut zu haben, um die Erträgnisse zu steigern. Ein wesentlicher Nachteil war für ihn, daß er nicht über das Prägerecht in Oberungarn verfügte. Das befand sich noch in den Händen Giskras. Immerhin gelang es ihm aber bis zum Jahre 1452, die Einnahmen der Staatskasse auf 200 000 Gulden im Jahr zu steigern.

Um ein Gegengewicht gegen die Macht der Barone zu haben, richtete er sein besonderes Augenmerk auf die Unterstützung der Städte. Er pflegte sehr lebhafte Beziehungen zu den Städten Siebenbürgens, wie Klausenburg und Kronstadt, auch die Städte Preßburg und Bartfeld in der Slowakei lagen ihm besonders am Herzen. Sie waren wichtige Handelszentren und, was für seine Kriegspolitik entscheidend war, Waffenproduzenten. Preßburg gehörte zu den treu ergebenen Städten der Hunyadi-Partei und stellte für einige Feldzüge große Waffenkontingente zur Verfügung. Hunyadi versuchte auch mit wirtschaftspolitischen Maßnahmen, die Städte für sich zu gewinnen, etwa indem er der Stadt Bartfeld, die zur Giskra-Partei neigte, Zollfreiheit gewährte. Auch die Stadt Buda war durchaus der Hunyadi-Partei zugeneigt.

Ganz wesentlich für die Sicherheit des Landes war aber, daß Hunyadi die Landesverteidigung dem Hochadel entzog und sie selbst übernahm, d. h. daß die Söldneranwerbung nur noch über ihn durchgeführt wurde. Das gegen die Türken seinerzeit aufgebaute Verteidigungssystem, das 1444 fast zerstört war, versuchte er neu aufzubauen, vor allem das Grenzverteidigungssystem war dabei von hohem Wert.

Nach dem Tode des schwachen Papstes Eugen IV. setzte Hunyadi Hoffnungen auf dessen Nachfolger Nikolaus V. Er sandte den berühmten Humanisten Nikolaus von Lasocki nach Rom, um Unterstützung für seine Türkenpolitik zu erhalten. Doch die Antwort, die Lasocki brachte, war enttäuschend: „. . . multa pulchra verba, et etiam promissionem de subsidio contra Turcos . . .“ (viele schöne Worte und ein vages Versprechen über Hilfe gegen die Türken). Statt materieller Hilfe, mit der Hunyadi Söldner hätte anwerben können, sandte der Papst seinen Segen und einen Fürstentitel für Hunyadi, den dieser jedoch nie verwendete.

Anfang 1448 begann Hunyadi wieder mit der Aufstellung eines Heeres, das vor allem aus deutschen und tschechischen Söldnern bestand. Auch die ungarischen Magnaten forderte er auf, ihre Banderien in Bereitschaft zu halten, allerdings kamen diese wie immer dem Aufruf nur sehr schleppend nach. Trotzdem verfügte er zu dieser Zeit über ca. 32 000 Mann und, was besonders wichtig war, über 2 000 Kriegswagen. Auf diesen ließ er leichte Kanonen befestigen, so daß er damit über eine moderne, schnell bewegliche Artillerie verfügte, die von seinen Zeitgenossen allgemein bewundert wurde. Im September 1448 hatte er sein Heer an der Donau bei Kövi, einem Ort zwischen Belgrad und Semendria, gesammelt. Vor der Schlacht mit den Türken schrieb er noch am 17. September an Papst Nikolaus V. einen Brief, der ohne Zweifel von seinem Kanzler Johann Vitéz in der eleganten Manier der Renaissance stilisiert wurde. In komprimierter Form legte er dem Papst die Lage Ungarns dar, das immer als erstes von den Osmanen überrannt wurde, völlig auf sich allein gestellt war und ohne die so oft versprochene Hilfe von den anderen christlichen Staaten gegen die Türken kämpfen mußte!

„Wenn ich mich recht erinnere, sind es nunmehr hundert Jahre her, daß die Türken, indem sie mit Gewalt gegen die Grenzen Europas anstürmen, Gott beleidigen und die Menschen erniedrigen. Rasch unterdrückten sie die Griechen, Macedonier und Albaner; indem sie ihnen eine Niederlage nach der anderen beibrachten, machten sie die Länder mit überheblicher Grausamkeit zu Trümmerhaufen, stürzten die Menschen in Trauer und versklavten sie; sie verdarben sie in ihrer Religion, zwangen sie, heidnische Sitten und heidnische Moral anzunehmen, heidnischen Gesetzen zu gehorchen und sich ihrer gräßlichen Sprache zu bedienen. Die bloße Erwähnung dieser drei Länder ruft in uns ein starkes Mitleid hervor.

Nichts haben sie unversehrt gelassen, was man mit Feuer und Schwert, Joch und Schreckensherrschaft unterdrücken kann. Sie haben alles, was ihnen in die Nähe kam, in Schande gestürzt. Der Sturm ihrer Gewalttätigkeit erreichte allmählich all unsere Nachbarn. Neuerdings sind sie schon nahezu bis ans Herz Europas, schließlich bis an die Grenzen dieses Landes – unserer Heimat – vorgedrungen. Mein Vater [Vojk] würde sich wundern, wenn er wüßte, daß dieses Land die schweren Leiden zu ertragen eher fähig war, als sie zu beseitigen. Wenn es sein Glaube nicht aufrecht erhielte, hätten es seine Kräfte nicht halten können.

Es ist mehr als sechzig Jahre her, daß wir sozusagen ununterbrochen Kriege führen, auf uns selbst, auf die Waffen einer einzigen Nation angewiesen. Hier, bei uns, erschöpft von den vielen Kämpfen, Niederlagen, von Trauer und Leiden, sterben wir in Massen den Heldentod.

Unsere Gegner, die uns schon oft angegriffen haben, werden mit ihren Angriffen nie ablassen, es sei denn, wir schlügen sie nieder. Mit ihnen kann und wird es keinen dauerhaften Frieden geben. Also müssen wir tapfer auf unseren Posten ausharren und unsere Pflicht mit Sorgfalt erfüllen. Und wir werden ausharren, wenn Eure Heiligkeit uns Hilfe leistet. Dieses Heer ist des Soldes würdig; es setzt sich aus Kämpfern zusammen, die nicht zeitweilig, sondern stets in Waffen leben, und die vor Ehrgeiz brennen, sich für das Leid zu rächen, das ihnen ihr ewiger Feind, der Feind des Christentums, zugefügt hat. Versäumt also die Hilfe nicht: Die Befreiung Europas könnte ein Triumph Eures Heiligen Stuhles werden . . ."

Hunyadis Absicht ging dahin, von der Donau nach Süden zu ziehen, um sich mit den Truppen Skanderbegs zu vereinigen. Doch es gelang dem Sultan, ihm den Rückweg zu versperren, bevor die Truppen von Georg Castriota eintrafen. Hunyadi mußte daher eine Schlacht auf dem Amselfelde (Kosovo polje) riskieren, da er sich infolge Wassermangels nicht für eine längere Belagerung bzw. auf eine Verteidigung in einer Wagenburg, wie er sie seinerzeit bei den Hussiten kennengelernt hatte, einrichten konnte. Diese verheerende Schlacht auf dem Amselfelde begann am 18. Oktober 1448 und schien zunächst unentschieden zu bleiben. Hunyadi verlor am ersten Tag in der Schlacht sein Pferd. Dank der Hilfe des walachischen Adeligen Tivadar (im national-chauvinistischen 19. Jahrhundert ein eher häufiger Vorname) gelang es ihm, aus dieser schwierigen Situation zu entkommen. Der Kampf wurde am nächsten Tag fortgesetzt, aber Hunyadis Lage war aussichtslos. Sein Schwager, der Kommandant der Reiterei Johann von Székely, fiel, Hunyadi mußte schließlich fliehen. Unterwegs geriet er zunächst in türkische Gefangenschaft, wurde aber nicht erkannt und konnte noch einmal entfliehen. Dann aber wurde er von Leuten des Despoten Georg Brankovic gefangengenommen, die ihn zu ihrem König brachten. Es entstand das Gerücht, daß ihn dieser dem Sultan ausliefern wollte, doch als die Ungarn unter der Führung von Georg von Marnavich einen Heerzug gegen Serbien auf die Beine brachten, ließ Brankovic Hunyadi sofort frei, verlangte aber für dessen Freilassung seine in Ungarn beschlagnahmten Güter zurück und erzwang eine Verlobung seiner Tochter mit Hunyadis Sohn Ladislaus.

Nach dieser Katastrophe auf dem Amselfelde hatte Hunyadi nicht nur sein Heer und zahlreiche seiner Anhänger in der Schlacht verloren, er hatte auch sehr an politischem Gewicht eingebüßt. Vitéz, sein Kanzler, mußte mit Albert von Losonczi ein Bündnis schließen, Hunyadi verlor sein Woiwodenamt in Siebenbürgen und auch das Székler Gespanamt. Diese wichtigen und für den Verteidigungskampf gegen die Türken entscheidenden Positionen wurden seinen politischen Gegnern, der Familie Rozgonyi, eingeräumt. In der Moldau wurde sein Verbündeter Peter II. verjagt, seine gesamte Türkenpolitik hatte mit dieser verlorenen Schlacht einen schweren Rückschlag erlitten. Durch die Vermittlung des Georg Brankovic von Serbien gelang es wohl, einen Frieden mit den Türken zu schließen, der tatsächlich aber nur ein zweijähriger Waffenstillstand war. Serbien, die Walachei, ebenso Bosnien mußten wieder an die Türken Tribut leisten. Diesen Vertrag lehnten die Stände zwar im Jahre 1449 ab, waren aber für eine aktivere Politik gegen die Türken nicht zu haben. Sie machten eine weitere Intensivierung der Türkenpolitik von einer Hilfe des Papstes abhängig. Nikolaus V. erteilte aber bloß Ratschläge und ermahnte Hunyadi, doch lieber den Frieden im eigenen Lande herzustellen, bevor er offensiv gegen die Osmanen vorginge. Für den Reichstag erschien es wichtiger, einen Feldzug gegen Johann Giskra von Brandeis zu führen, der noch immer Oberungarn besetzt hielt und unter seiner Herrschaft schmachten ließ. Auch dieser Feldzug verlief unglücklich. Thomas von Székely wurde bei Kaschau von Giskras Truppen schwer geschlagen. Hunyadi konnte diese Schlappe zwar ausgleichen und die Festung von Moldova erobern, mußte aber mit Giskra einen Waffenstillstand schließen. 1450 gelang es dann, einen Friedensvertrag herbeizuführen, der für Giskra im Grunde ein Erfolg war. Giskra blieb weiterhin Landeskapitän, er behielt auch die Städte Kaschau, Eperjes, Bartfeld, Leutschau, Neusohl und die wichtige Bergwerksstadt Schemnitz. Durch diesen Vertrag aber gewann Hunyadi Zeit, sich dem Brankovic-Problem zu widmen. Der Reichstag hatte den Vertrag von Semendria, mit dem Brankovic die verpfändeten Festungen wieder zurückgegeben worden waren, für ungültig erklärt. Brankovic zeigte sich Hunyadi gegenüber trotzdem sehr vermittlungsbereit. Er sandte sogar Hunyadis Sohn Ladislaus, den er ursprünglich geradezu als Geisel für diesen Vertrag gefangengehalten hatte, reich beschenkt zurück und schloß neuerlich einen Vertrag. Dieser war durch die Vermittlung der Familien Garai, Ujlaki und des Johann Vitéz zustande gekommen. Der neue Vertrag von Semendria vom August 1451 sah vor, daß Elisabeth, die Tochter des Grafen von Cilli und Enkelin des Georg Brankovic, mit dem jüngeren Sohn János Hunyadis, Mathias, im Jahre 1453 verheiratet werden sollte. (1453 wäre Mathias kaum zehn Jahre, Elisabeth von Cilli zwölf Jahre alt gewesen.) Sollte diese Ehe aus Verschulden der Cillier nicht zustande kommen, würden die der Familie Brankovic auf ungarischem Boden gehörenden Herrschaften wieder an die Familie Hunyadi zurückfallen. Auch der neue Fürst der Moldau, Bogdan, schloß mit Hunyadi ein Bündnis, wurde aber bereits 1451 von Feinden getötet. Das Land war in den folgenden Jahren der Schauplatz zahlreicher innenpolitischer Kämpfe und damit ein Spielball türkischer Interessen.

Alle diese Schwierigkeiten hatten Hunyadis Verhandlungsposition König Friedrich IV. gegenüber geschwächt. Im am 22. Oktober 1450 in Preßburg abgeschlossenen Vertrag konnte dieser erreichen, daß Ladislaus und die Stephanskrone bis zum Jahre 1458, d. h. bis zu Ladislaus' 18. Geburtstag, in seiner Gewalt bleiben mußten. Dagegen fand er sich bereit, Hunyadi als Reichsverweser in Ungarn anzuerkennen. Für Friedrich bedeutete dieser Vertrag freien Rücken gegen Ungarn, da er inzwischen mit Georg Podiebrad in Böhmen rechnen mußte. Dieser hatte sich inzwischen nach Ausschaltung aller Gegner zum unangefochtenen Sprecher der böhmischen Stände emporgearbeitet und von Friedrich ultimativ die Herausgabe des Ladislaus, der auch erbberechtigter König von Böhmen war, gefordert.

Zu all dem geriet János Hunyadi noch in einen Konflikt mit Papst Nikolaus V. Schon seit der Zeit Sigismunds war die ungarische Kirche in der Frage von Besetzungen von Kirchenämtern relativ unabhängig gewesen. Nun hatte der Papst ohne Einverständnis der Stände oder des Reichsverwesers die Abtei Dömös seinem Legaten Bálint Kaposi zum Geschenk gemacht. Hunyadi aber wollte diese Abtei seinem Gefolgsmann István von Botos übergeben. Daraufhin ließ der Papst diesen exkommunizieren, doch der Reichstag unterstützte Hunyadi. Nikolaus V. mußte nachgeben und den Günstling Hunyadis in der Abtei bestätigen. Es gelang aber dem Papst, Bosnien gegen Hunyadi zu beeinflussen und Stephan von Herzegowina ebenfalls gegen Hunyadi auf den Plan zu schicken. Hunyadi waren aber die Hände gebunden, da Giskra seinen Vertrag wieder gebrochen hatte und mit einem Feldzug drohte. Er vermochte wohl Giskra zurückzuwerfen, konnte aber nicht mit der entscheidenden Unterstützung der Stände rechnen, da sie nicht zulassen wollten, daß er wieder zu mächtig würde. Auch seine außenpolitische Stellung war durch den Abfall Bosniens und der Herzegowina geschwächt; sein antitürkisches Verteidigungssystem war an den eigenmächtigen Bestrebungen des ungarischen Hochadels praktisch gescheitert. Daher sah Hunyadi keine andere Möglichkeit, um seine Türkenpolitik wieder zu aktivieren, als die, den jungen König ins Land zu bringen. Diese seine Interessen trafen sich einmal mit denen des Hochadels, der hoffte, mit Ladislaus' Hilfe Hunyadi entmachten zu können. Auch in Österreich waren starke Kräfte des Adels für eine Auslieferung des Ladislaus, da König Friedrich IV., der inzwischen die Einkünfte des Ladislaus in Österreich verwaltete, diese durch eine Auslieferung verloren hätte. Friedrich hatte in Österreich zahlreiche Feinde, und als er 1451 nach Rom zog, verbündeten sich die Stände zu Mailberg mit dem Ziele, Ladislaus aus den Händen seines Vormundes zu befreien. Es half nichts, daß der Papst die Aufständischen exkommunizierte, da die Geistlichkeit diesen Beschluß weder im Lande ob der Enns noch unter der Enns verkündete. Auf dem Reichstag zu Preßburg im Februar 1452 formte sich eine Fronde bestehend aus dem ungarischen Hochadel, den gegen Friedrich aufständischen Wienern und natürlich Hunyadi gegen Friedrich, der sich zu dieser Zeit auf seiner Romfahrt befand und am 19. März 1452 vom Papst zum Kaiser (Friedrich III.) gekrönt wurde. Er besaß keinerlei Möglichkeit des Widerstandes und lieferte schließlich im September 1452 Ladislaus Postumus aus, übergab ihn aber nicht den Ungarn, sondern dem Grafen Ulrich von Cilli, was eine schwere Beleidigung und Herausforderung Hunyadis darstellte. Ladislaus befand sich nun unter dem Schutz, aber auch unter dem Einfluß seiner Verwandten, des Grafen von Cilli und der Familie Garai (Ulrich von Cilli und Ladislaus von Garai waren Vettern), die aber Hunyadi gegenüber feindlich eingestellt waren. Da der König nach Ungarn zurückgekehrt war, legte Hunyadi 1453 sein Reichsverweseramt nieder. Ladislaus ernannte ihn nun zum Landeskapitän und übergab ihm neuerlich die Verwaltung des königlichen Einkommens und die Woiwodenschaft von Siebenbürgen. Ladislaus Hunyadi, János Hunyadis älterer Sohn, wurde zum Banus von Dalmatien und Kroatien ernannt. Johann Vitéz, der langjährige Vertraute Hunyadis, wurde königlicher Kanzler. Es schien, als wäre Hunyadi durch den König wieder in seine alten Ämter eingesetzt worden. Auch Enea Silvio, der geistreiche Beobachter seiner Zeit, sah Hunyadi wieder in seine alte Macht zurückgekehrt. Die Pufferstaaten Moldau (Alexander II.) und Walachei (Vlad III.) suchten wieder bessere Beziehungen zu Ungarn, doch tatsächlich lagen die Verhältnisse anders. Der Graf von Cilli suchte den Machtbereich seiner Familie zu erweitern und intrigierte bei dem jungen, unerfahrenen König gegen Hunyadi. Man verbreitete das Gerücht, daß Hunyadi dem König nach dem Leben trachte und mit Hilfe der Türken selbst nach dem Throne strebe. Es kam zu mehrmaligen Versuchen, Hunyadi in eine Falle zu locken und zu töten, dank der Unterstützung einiger Freunde konnte er aber jedesmal entkommen. Er blieb deshalb sogar im September 1453 dem Reichstag fern, obwohl dort über die Türkengefahr verhandelt wurde. Der ungarische Hochadel stand aber auf seiten des Cilliers und unterstützte auch einen Aufstand in Siebenbürgen gegen Hunyadi, den dieser nur mit Waffengewalt niederschlagen konnte. Kurzfristig wurde Ulrich von Cilli von Ladislaus vom Königshof entfernt, und 1453 begleitete Hunyadi den jungen König nach Prag, wo dieser am 28. Oktober 1453 gekrönt wurde. Hier schloß Hunyadi ein sehr wichtiges Bündnis mit dem bisherigen Reichsverweser Georg von Podiebrad, das auch vom König anerkannt wurde. Dieses Abkommen, dem sich auch Ulrich von Eyczing als Gegner des Ulrich von Cilli anschloß, hätte eine wichtige Koalition gegen Kaiser Friedrich III. dargestellt, aber auch ein tatkräftiges Vorgehen gegen die Türken ermöglicht. Leider zerstritten sich aber Österreicher und Böhmen über den Wohnort des Königs Ladislaus, und so zerfiel diese mächtige Koalition binnen kürzester Zeit.

Nach der Eroberung Konstantinopels 1453 durch Sultan Mehmed II., Murads Sohn, war das Türkenproblem erneut in eine entscheidende Phase getreten. So berief Hunyadi 1454 einen Reichstag nach Buda, um zu beraten. Für ihn war es ein Sieg, als beschlossen wurde, ein mächtiges Heer aufzustellen und auch von seiten des Reichstages für die Bereitstellung der Mittel hiefür zu sorgen. Der erste Vorstoß der Osmanen galt Serbien, wo sie gegen Semendria vorrückten. Brankovic floh sofort nach Ungarn und versuchte Hunyadis Hilfe zu gewinnen. Anfang August 1454 erreichte Hunyadi mit seinen Truppen Belgrad. Als Mehmed II. dies erfuhr, ließ er seine Truppen umkehren und in Sofia sein Heer verstärken. Dieser Rückzug von Semendria wird in den zeitgenössischen Quellen als ein verheerender Plünderungszug geschildert; zahlreiche Einwohner fielen ihm zum Opfer bzw. wurden in die Sklaverei verschleppt. Hunyadi besiegte inzwischen bei Kruševać ein türkisches Heer und befreite die Stadt. Nun aber waren Hunyadis Mittel erschöpft, an eine Fortsetzung des Feldzuges war nicht mehr zu denken.

Am Hofe des Königs Ladislaus war wieder Ulrich von Cilli in seine ursprüngliche Machtposition zurückgekehrt und verbündete sich gemeinsam mit den Garais mit der Familie Ujlaki gegen Hunyadi. Dieser versuchte inzwischen auf eigene Kosten 10 000 Mann Söldner zu armieren und hoffte auch Verbündete zu gewinnen. Doch Brankovic, der ursprünglich 10 000 Mann zugesagt hatte, brach sein Versprechen. Allerdings war sein Vorgehen nicht ganz unbegründet, denn Johannes Capistran, der damals schon in Ungarn gegen die Türken predigte und auch mit den Truppen Hunyadis mitzog, hatte von ihm den Übertritt zum katholischen Glauben verlangt. Hunyadi mußte sich also wieder mit dem Cillier einigen, zumal dieser mit König Ladislaus in Wien weilte, was gegen die Interessen Ungarns ging. Der am 1. August 1455 mit Ulrich von Cilli geschlossene Vertrag sah vor, daß Mathias Hunyadi Cillis Tochter heiraten sollte. Ladislaus Hunyadi sollte Maria, die Tochter des Ladislaus Garai, den Hunyadi ebenfalls in dieses Bündnis einbezogen hatte, ehelichen. Hunyadi war sichtlich bereit, alles zu akzeptieren und auch seine beiden Söhne in sein politisches Konzept miteinzubeziehen, wenn er nur freie Hand gegen die Türken bekäme. Auf dem Reichstag in Buda erhielt er zwar neuerlich die Verteidigung des Landes übertragen, aber König und Adel hatten anderes im Sinne. Ladislaus war ein Feldzug gegen die Hussiten wichtiger, und Johannes Capistran wollte lieber Orthodoxe in Siebenbürgen rekatholisieren, als gegen die Türken zu Felde zu ziehen. Bereits 1455 waren die den Türken tributpflichtigen Walachen in Siebenbürgen eingefallen und hatten Hunyadis Besitzungen geplündert. Für 1456 war daher mit einem größeren Einfall der Türken zu rechnen. Obwohl Hunyadi sich bemüht hatte, auch vom westlichen Europa Unterstützung zu erhalten, war nach den Ergebnissen der Reichstage von Regensburg, Frankfurt und Wiener Neustadt keine ernstliche Unterstützung aus dem Reiche zu erwarten, und Ungarn, in diesem Falle Hunyadi, war wieder einmal auf sich allein gestellt.

Im Jahr 1456 brach Mehmed II. mit ca. 140 000 Mann gegen Ungarn auf. Nur Skanderbeg stand wie immer an der Seite Hunyadis und versprach für das Frühjahr 1456 30 000 Mann Unterstützung. Auch der Landtag in Ofen hatte eine außerordentliche Steuer beschlossen. Doch schon im April wurde der Vormarsch des Sultans bekannt, die Aufstellung eines Heeres wurde daher außerordentlich dringend. Aufrufe des jungen Königs und Hilferufe an die Mächtigen Westeuropas wurden mit lahmen Versprechen beantwortet. Hunyadi stellte Ladislaus eine Anleihe von 8 000 Gulden zur Kriegsführung zur Verfügung und erhielt dafür die Stadt Temesvár zum Pfand. Als die Türkengefahr besonders akut war, begab sich Ladislaus, zweifellos unter dem Einfluß seines Onkels Ulrich von Cilli, angeblich zu einer Jagd nach Wien. Es gibt ungarische Geschichtsschreiber, die behaupten, daß Ulrich von Cilli Ladislaus nach Wien entführt hätte. Er kehrte erst nach der Entscheidung bei Belgrad nach Ungarn zurück. Die wirklichen Träger des Kampfes waren also Hunyadi, auch Johannes Capistran und der päpstliche Legat Johann Carvajal. Dieser hatte vom Papst den Auftrag erhalten, im Bereich seiner Gesandtschaft, es waren dies Ungarn, das deutsche Reich und Polen, für einen Kreuzzug wider die Türken zu wirken, und durfte allen Teilnehmern an einem solchen Kreuzzug den vollen Ablaß versprechen. Das ganze Frühjahr 1456 zogen Johannes Capistran und sein Helfer Gabriel von Verona durch die Lande, um Söldner gegen die Osmanen anzuwerben. Wir wissen, daß Johannes Capistran nicht ungarisch konnte, er predigte also nur lateinisch und wurde daher anfangs überhaupt nicht verstanden. Später stand ihm ein Dolmetsch für ungarisch zur Verfügung, und er konnte so zahlreiche Freiwillige für den Kampf gewinnen. Der Adel aber blieb wie immer auf Distanz.

Das Kreuzfahrerheer, das nun gegen die Türken zog, rekrutierte sich daher aus den untersten Schichten, die für so ein Unternehmen natürlich schlecht ausgebildet und auch schlecht bewaffnet waren. Kaum einer von ihnen besaß ein Pferd, und als sie sich am 27. April 1456 in Szeged sammelten, war ihre Bewaffnung geradezu erbärmlich. Es war sehr bald klar, daß Belgrad das Ziel des türkischen Angriffs sein würde. Die Stadt war durch Hunyadi in einen sehr guten Verteidigungszustand versetzt worden. Johann Bastida, ein spanischer Kapitän, und der Albaner Johann Geszti waren die Verteidiger der Stadt. Der Oberkommandierende der dort lagernden Truppen war Michael von Szilágyi; aber auch Ladislaus Hunyadi, der Sohn János Hunyadis, war an der Verteidigung Belgrads führend beteiligt. Am 3. Juli 1456 trafen die Türken vor der Stadt ein, berannten ihre Mauern, bombardierten sie mit ihren Geschützen und wandten die Technik des Minierens an. Auch die türkische Donauflotte wurde eingesetzt, die über 50 größere und 150 kleinere Schiffe verfügte. Diese blockierten die Stadt und versuchten, jede Verbindung zu Hunyadi, der am nördlichen Donauufer stand, zu verhindern. Es gelang ihnen kurzfristig, die Stadt von jeder Zufuhr abzuschneiden, und man trachtete sie auszuhungern. Die Türken lagen mit ca. 120 000 Mann vor Belgrad, wobei im türkischen Lager zu dieser Zeit bereits die Pest wütete. Hunyadi verfügte am nördlichen Ufer der Donau über maximal 20 000 Mann, zu denen die Truppen der sogenannten Kreuzfahrer kamen, die ca. 30 000 Mann stellten. Bei diesen 30 000 Kreuzfahrern waren 600 Wiener Studenten, die sich bei Belgrad besonders auszeichneten. Auch in der Stadt Belgrad war bereits die Pest ausgebrochen, was die Verteidigungskraft sicherlich beeinträchtigte. Durch die Blockade der Türken setzte bald Hungersnot ein, doch gelang es Hunyadi in kurzer Zeit, die türkische Donauflotte zu vernichten und wieder die Verbindung mit der belagerten Stadt aufzunehmen. Die erschöpften Verteidigungstruppen wurden durch neue ausgeruhte Truppen ersetzt. Am 21. Juli 1456 setzten die Türken zum Generalsturm auf die Stadt an, wobei sie nach erbittertem Kampf sogar die äußere Burg einnehmen konnten. Sie wurden am nächsten Tag nach überaus heftigen Kämpfen wieder verdrängt und zogen darauf in der Nacht auf den 23. Juli von Belgrad ab. Schwerste Verluste hatten Mehmed II. bewogen, die Belagerung Belgrads aufzugeben. Angeblich war sogar der Sultan selbst bei dem Sturm auf die Stadt verwundet worden. Jedenfalls floh das türkische Heer ziemlich regellos, das türkische Lager fiel in die Hände der Verteidiger, und erst bei Sofia gelang es Mehmed wieder, seine Truppen zu sammeln.

Über den Sieg bei Belgrad sandte Johann Hunyadi einen offiziellen Bericht an den Palatin Ladislaus Garai. Dieser Brief vom 24. Juli lautete:

„Großmächtiger, von uns geehrter Herr!

Diese Neuigkeiten können wir Eurer Herrschaft schreiben, daß der Kaiser der Türken mit seiner starken Macht und mit vielen Kanonen zur Eroberung der Burg Belgrad angekommen ist: mit viel Kanonen und Truppen und Kanonen er kam, das hat noch kein Menschenauge gesehen und kann es auch nicht erdenken. Er hat die Burg mit seinen Kanonenschüssen so zerstört, daß wir sagen können, daß die Burg keine Burg, sondern ein Feld ist, denn die Burgmauer wurde bis zur Erde zerstört. Endlich haben sie am jetzt vergangenen Mittwoch nach der Vesperstunde [21. Juli] um die Burg einen Ansturm wunderlicher Weise entfacht, der durch die ganze Nacht und am Donnerstag bis zur Mittagsstunde gedauert hat, so daß wir in der Mitte der Burg ihnen zweimal eine solche Schlacht geliefert haben, wie auf dem Felde. Endlich brachen wir aus der Burg aus und haben mit ihnen bis zum Abend gekämpft und warfen den Kaiser der Türken mit Gottes Hilfe aus der obengenannten Burg hinaus und haben alle seine Kanonen und Geschütze erbeutet, und er floh allein mit jenen, die geblieben sind, Freitag in der Nacht geschlagen. Darum könnte jetzt derjenige, der mit einem Heer gegen den genannten Kaiser ziehen wollte, niemals so leicht sein Reich erobern, als jetzt. Er verlor nämlich seine Haupttruppen und besonders die Fußtruppen in der oben genannten Burg, und die genannten Fußtruppen dieses Kaisers, die besser waren als alle seine Truppen, wurden fast ganz aufgerieben. Wir waren selbst in der Burg während des Ansturmes und von diesem Tag an, als die Burg belagert wurde. Viele sind von unseren Dienstleuten und Leuten verwundet, andere sind tot.

Aber dennoch: aus dem Feld floh noch niemals ein Kaiser der Türken mit solcher Schmach, wie dieser als Geschlagener; jetzt hatten wir mit seinen Galeeren auf dem Wasser eine Schlacht, wir erbeuteten viele Galeeren. Die noch verblieben sind, gegen diese Galeeren wollten wir am genannten Donnerstag ziehen, diese flohen aber bald, und die Leute sprangen ab von ihnen und setzten sie in Brand. So können wir jetzt nicht sagen, was sollen wir mit der oben genannten Burg machen, die wir nicht Burg nennen dürfen, sondern ein Feld wegen ihrer Zerstörung. Gegeben in Belgrad am nächsten Samstag vor dem Fest des Heiligen Apostels Jakob, im Jahre des Herrn MCCCCLVI."

Nach diesem siegreichen Entsatz trat Hunyadi sofort für eine Fortsetzung des Feldzuges ein. Überall herrschte Begeisterung und Jubel und auch Bereitschaft zur Fortsetzung des Krieges. Allein am 11. August 1456 starb er in Zimony an der Pest, mit der er sich offenbar bei der Belagerung Belgrads infiziert hatte. Der Tod des großen Türkensiegers Johann Hunyadi löste europaweit Trauer und größte Bestürzung aus. Der Papst zelebrierte ihm zu Ehren eine Messe und bezeichnete ihn als Christianae fidei defensor (Verteidiger des christlichen Glaubens). Enea Silvio Piccolomini, damals schon Kardinal und unablässiger Vertreter einer offensiven Politik gegen die Türken, schrieb: „Doleo obisse illum Christiani exercitus ducem Vajvodam, sive ut aiunt Hunyadem, nam morte illius spes quoque nostra interisse videtur." (Ich bedaure, daß jener Führer des christlichen Heeres und Woiwode, wie man Hunyadi nennt, starb, denn durch seinen Tod scheint auch unsere Hoffnung zugrunde gegangen zu sein.) Sogar der Sultan soll seiner Trauer Ausdruck verliehen haben und sich über ihn als Kämpfer besonders anerkennend geäußert haben. Thuróczy schreibt ihm folgenden Ausspruch zu: „Wir waren Feinde, dennoch schmerzt mich sein Tod, denn einen größeren Mann sah die Welt noch nicht." Nachdem aber die Trauer versiegt war, erlahmte auch die europäische Kriegsbereitschaft. In Ungarn jedoch rüstete das Haus Cilli zum Kampf gegen die Familie Hunyadi. Nachdem Johann Hunyadi in Weißenburg (Gyulafehérvár) begraben worden war, begaben sich sein Sohn Ladislaus und sein Schwager Michael Szilágyi wieder nach Belgrad. König Ladislaus ernannte nun Ulrich von Cilli zum obersten Reichskapitän.

Ladislaus Hunyadi wurde zum Reichstag nach Futak geladen, wo über die Herausgabe der in den Händen der Familie Hunyadi befindlichen königlichen Burgen einvernehmlich abgesprochen wurde. Hierauf begab sich Ladislaus Hunyadi nach Belgrad, um die Stadt persönlich dem König zu übergeben. Dieser kam am 8. November in Begleitung des Grafen von Cilli in die Stadt. Am nächsten Tag kam es zu einer heftigen Auseinandersetzung zwischen Ulrich von Cilli und Ladislaus Hunyadi. Im Verlauf des Streites griff man zu den Waffen, Ladislaus wurde verletzt, hierauf enthauptete Michael Szilágyi Ulrich von Cilli. Über die Ursachen des Streites gibt es nur Vermutungen; angeblich konfrontierte Hunyadi Ulrich von Cilli mit Briefen, in denen er eine Beseitigung der Familie Hunyadi ankündigte – so stellt zumindest Antonio Bonfini die Streitursache dar.

Ladislaus Hunyadi gelang es, den König zu beruhigen und von ihm einen Eid zu erlangen, daß er die Ermordung seines Oheims nicht an der Familie Hunyadi rächen werde.

Doch nach Ofen zurückgekehrt, änderte der König unter dem Einfluß der Hofpartei seine Meinung. Unter einem Vorwand ließ er Ladislaus Hunyadi und auch dessen Bruder Mathias nach Ofen beordern. Im März 1457 kamen die beiden nach Ofen und wurden vom König sofort gefangengesetzt. Auch Johann Vitéz und andere Parteigänger der Hunyadi-Familie wurden inhaftiert. Sie wurden angeklagt, einen Anschlag auf den König geplant zu haben, und nach einem merkwürdigen Prozeßverfahren, in dem die Angeklagten keine Verteidigungsmöglichkeit erhielten, wurden alle zum Tode verurteilt. Ihr Besitztum verfiel der Krone. Ladislaus Postumus scheute aber davor zurück, eine Massenhinrichtung vornehmen zu lassen. Doch die Enthauptung des Ladislaus Hunyadi erfolgte am 16. März 1457, trotz Interventionen des päpstlichen Legaten. Dieser konnte nur Verbesserungen der Haftbedingungen der übrigen Gefangenen erreichen.

Bald äußerte sich in Ungarn Empörung über diese Tat des Königs. In Buda drohte fast ein Aufstand, so daß Ladislaus eilig das Land verließ; in seinem Gefolge wurde der gefangene Mathias Hunyadi mitgeführt.

Dieser 14jährige Knabe, die einzige Hoffnung der Hunyadi-Partei, war bisher in der großen Politik kaum in Erscheinung getreten.

Die Jugend des Mathias Hunyadi

Mathias, der zweite Sohn des Johann Hunyadi, wurde am 23. Februar 1443 in Klausenburg geboren. Die ältere Forschung wollte ihn schon 1440 zur Welt kommen lassen, da ihr ein 15jähriger König, der schnell Tatkraft entwickelt, nicht ganz glaublich erschien. Doch im 15. Jahrhundert war ein noch nicht 20jähriger, der hohe Verantwortung trug, keine Seltenheit. König Ladislaus war 1457, als er Ladislaus Hunyadi hinrichten ließ, kaum 17 Jahre, und Wladislaw I. hatte noch nicht das 20. Lebensjahr erreicht, als er in der Schlacht bei Varna fiel.

Mathias Hunyadi wuchs in Hunyadvár, dem Stammsitz der Familie, auf. Über seine Jugend und seine Erziehung ist sehr wenig bekannt. Ohne Zweifel wurde sie sehr nachhaltig von Johann Vitéz, dem Vertrauten des Vaters und großen Humanisten, beeinflußt. Nach der Schlacht von Varna und dem Tode des jungen Wladislaw kam der Beichtvater des Königs und Bahnbrecher des Humanismus in Polen, Gregor von Sanok, in den Haushalt der Hunyadis, um sich um die Erziehung der beiden Söhne zu kümmern. Besondere Aufmerksamkeit soll er dem jüngeren Mathias gewidmet haben, der sich beim Erlernen der lateinischen Sprache überaus talentiert zeigte. Die zeitgenössischen Quellen berichten, daß er schon in ganz jungen Jahren für den Vater als Dolmetsch fungierte. Doch bereits 1451 wurde Sanok Erzbischof von Lemberg und konnte sich nicht mehr um die Erziehung der beiden Hunyadi-Söhne kümmern. Man muß daher annehmen, daß sie in den späteren Jahren vom Vater das Kriegshandwerk erlernten, soferne er in den wenigen Pausen zwischen seinen zahlreichen Feldzügen dazu überhaupt Zeit hatte. Auch das Vorbild des Johann Vitéz, der sich immer wieder in Hunyadvár aufhielt und die beiden Jünglinge durch Gespräche für das Wissen um die Welt gewann, war von großem

Einfluß. Schon in sehr jungen Jahren waren beide Söhne Gegenstand der Politik; wenn Johann Hunyadi Verträge mit seinen politischen Gegnern schloß, wie mit Georg Brankovic von Serbien oder mit Ulrich von Cilli, dann wurden Ehen zwischen den Kindern vereinbart. Die kaum 14jährige Elisabeth von Cilli lebte bereits als Braut des Mathias in Hunyadvár. Die kirchliche Trauung der beiden fand statt, das eheliche Beilager wurde aber wegen der Jugend der Braut aufgeschoben. Als sie kurz danach erkrankte, setzte man alle Hoffnung auf Johannes Capistran, von dem man Wunder erwartete. Doch das arme kleine Mädchen, das schon in so jungen Jahren als Pfand für die Politik des Vaters verheiratet worden war, starb 1455. Die zeitgenössischen Quellen berichten uns, daß Mathias Johannes Capistran, der wenige Monate nach Johann Hunyadi im Oktober 1456 starb, sehr verehrte.

Man kann annehmen, daß Mathias Hunyadi sich zu dieser Zeit nicht immer in der väterlichen Burg aufhielt, sondern in seiner Funktion als Kammerherr des Königs an dessen Hoflager weilte. Dort dürfte er eine viel praxisnähere Ausbildung durch Miterleben erfahren haben, als wir sie uns heute überhaupt vorstellen können.

Als die beiden Brüder Hunyadi vom König in den Kerker geworfen wurden und Ladislaus hierauf enthauptet wurde, war Mathias kaum mehr als 14 Jahre. Seine Hoffnungen, der Gefangenschaft des 17jährigen Königs entrinnen zu können, waren sicherlich gering. Er mag wohl gewußt haben, daß seine ehrgeizige Mutter alle Hebel in Bewegung setzen würde, ihn zu befreien. Elisabeth Szilágyi warb ein Söldnerheer und schien bereit, für die Freilassung ihres Sohnes jede Verpflichtung einzugehen. Das Land spaltete sich im Bürgerkrieg, vor allem der Osten stand zur Familie Hunyadi.

Als Ladislaus Postumus im September 1457 nach Prag reiste, um dort seine Hochzeit mit der französischen Prinzessin Magdalena, einer Tochter Karls VII. von Frankreich, zu feiern, begleitete ihn der ungarische Gefangene dahin. Doch Ladislaus starb plötzlich am 23. November, bevor seine künftige Braut ihn überhaupt gesehen hatte.

Mathias Hunyadi wurde wohl aus dem Gefängnis befreit, befand sich aber unter dem sehr ehrenvollen und nachdrücklichen Schutz des böhmischen Reichsverwesers Georg Podiebrad von Kunstadt, mit dem Johann Hunyadi schon 1453 ein Abkommen geschlossen hatte. Podiebrad unterstützte damals die Familie Hunyadi, da er selbst in Böhmen das Königtum für sich anstrebte. In Prag zeigte Mathias Hunyadi zum ersten Mal, daß er kein willenloses Werkzeug einer Partei zu werden gedachte, sondern bereits damals sehr selbständige Entschlüsse faßte. In klarer Erkenntnis seiner Lage verlobte er sich mit Katharina Podiebrad, der Tochter Georgs, ohne seine Familie in Ungarn vorher zu Rate zu ziehen. Als Johann Vitéz als Unterhändler der Familie nach Prag kam, um die Freilassung des Mathias von Podiebrad zu erreichen, forderte dieser ein hohes Lösegeld für seinen zukünftigen Schwiegersohn, der von der Hunyadi-Partei als einziger Kandidat für die nächste Königswahl betrachtet wurde.

Als Sohn des legendären Türkensiegers Johann Hunyadi und Bruder des von einem Habsburger ermordeten Ladislaus Hunyadi war er das Ideal der für einen nationalen König plädierenden Partei, die sich in erster Linie auf den kleinen Adel, den Komitatsadel, stützte. Die großen Familien waren zum Teil noch dem Hause Habsburg verbunden. Neben Friedrich III. hatte auch König Kasimir von Polen, der mit einer Schwester des Ladislaus Postumus verheiratet war, Ansprüche auf den ungarischen Thron erhoben, doch besaß er unter den Ständen keine Gefolgschaft. Diese wünschten einen schwachen König, der ihre Position unangetastet ließ.

Bereits im Jänner des Jahres 1458, also zwei Monate nach dem Tod des Ladislaus Postumus, trat der ungarische Reichstag in Ofen zur Königswahl zusammen. Der Hunyadi-Clan war fest entschlossen, die Wahl des Mathias durchzusetzen. Nicht zuletzt war seine Wahl auch ein Protest gegen einen fremden, in diesem Fall einen habsburgischen Herrscher. Insoweit ist seine Wahl eine nationale Königswahl. Aus diesem Anlasse verbündeten sich die Hunyadis mit den Garais, die damals den Palatin stellten. Als Pfand dieser Wahl und dieser Verbindung wurde eine Ehe des Mathias mit der Tochter der Garais vereinbart. Michael Szilágyi, der Onkel des Mathias, war Bürge dieses Abkommens. Zur machtvollen Demonstration erschien er am Reichstag in Ofen mit 7 000 Mann. Trotzdem schien anfangs Mathias' Stellung nicht sehr aussichtsreich. Er war ein äußerst junger Mann, von niederem Adel, eine unbekannte Größe, allerdings der Sohn des legendären Türkensiegers. Unterstützung erfuhr Mathias nicht nur durch den Märtyrerbonus seines Bruders, auch Papst Calixtus III. dürfte über seinen Kardinallegaten Carvajal für die Familie Hunyadi Partei ergriffen haben. Schließlich wirkte auch das Beispiel des Georg Podiebrad, Reichsverweser in Böhmen, aus niederem Adel stammend, noch dazu Hussit, der beste Aussichten hatte, böhmischer König zu werden, über die Grenzen nach Ungarn.

Die Stimmung im Lande, und vor allem bei denen, die in Ofen in der Winterkälte zur Wahl versammelt waren, neigte Mathias zu. Die Legende berichtet, daß er, als die Barone sich nicht einigen konnten, vom Komitatsadel und den Städten auf dem Eise der zugefrorenen Donau per acclamationem gewählt wurde. Die Barone mußten sich diesem Entscheid beugen, und alles, so schien es, war von dieser Entscheidung begeistert. Es gibt einen Vers der damaligen Zeit, der in sehr einfacher Form die Stimmung dieser Wahl wiedergibt. Übersetzt lautet er: „Das gesamte Land erwählte Mathias jetzt zur Königswürde, denn ihn sandte uns der Herrgott aus dem Himmel als Beschützer." Dieses sicherlich von Freunden des Königs später propagierte Verschen stammt aus der Zeit, da es in Tenor und Ausdrucksform den hussitischen Liedern sehr ähnlich ist. Die Zustimmung der Großen des Landes zur Wahl des Mathias, eines homo novus aus jungem Adel, mag auch aus der Überlegung erwachsen sein, daß sie mit einem jungen, noch unerfahrenen Manne ein leichtes Spiel haben würden.

Der Beiname des Königs, Corvinus, stammt aus dem Lateinischen und bedeutet Rabe. Dieses Tier ist das zentrale Emblem seines Wappens. Mit der altrömischen Familie der Corvinier hat dieser Name nichts zu tun. Es ist eine humanistische Galanterie des Hofhistoriographen Bonfini, der ein besonders ehrwürdiges Herkommen der Familie Hunyadi konstruieren wollte.

Nach der Wahl des jungen, noch minderjährigen Königs wurde ihm sein Onkel Mihály Szilágyi als Reichsverweser zur Seite gestellt, aber auch als Vertrauensmann der Barone, der ihre Interessen wahren sollte. Johann Vitéz schrieb die Wahl des Königs Mathias einem Volksentscheid zu. Hier dürfte sein von humanistischem Denken geprägtes Weltbild doch zu schönfärberisch formuliert haben. Auch Mathias mußte, wie seine Vorgänger, gegenüber dem Adel die Verpflichtung eingehen, dessen bisherige Rechte zu achten und zu garantieren. Sein Wahlpatent stimmt mit dem des Königs Albrecht aus dem Jahre 1439 überein. Allein – diese Königswahl hatte einen Mangel. Man besaß keine Krone. Man entschloß sich aber auch nicht zu einer Ersatzhandlung, sondern es erfolgte keine Krönung. Mathias wurde nur feierlich inthronisiert – Mathias nannte sich nun „Dei Gratia rex Hungariae“ (dank der Gnade Gottes König von Ungarn) –, die Herbeischaffung der Stephanskrone, die sich noch immer im Besitz Kaiser Friedrichs III. befand, wurde als eines der ersten Ziele gesehen.

Doch erst 1464, nach langwierigen Verhandlungen mit Kaiser Friedrich III., konnte die Krone nach Ungarn zurückkehren, nachdem ein unerhört hoher Preis für sie, die ja auch ein wertvolles Pfand darstellte, geleistet worden war. Am 29. März 1464 wurde Mathias feierlich in Stuhlweißenburg durch den Erzbischof von Gran Dionys Szécsi mit der Krone des heiligen Stephan gekrönt.

Die Rückgewinnung der Stephanskrone

Nachdem Mathias seine Herrschaft halbwegs gesichert, d. h. sich zum Erstaunen seiner Umwelt aller lästigen Ratgeber entledigt hatte, versuchte er in erster Linie die Legitimität seines Königtums zu gewährleisten. Ausschlaggebend dafür war der Besitz der Krone; das ehrwürdige Krönungsinstrument des heiligen Stephan mußte nach Ungarn zurückkehren. Schon im Sommer 1458 führte Johann Vitéz eine Gesandtschaft zu Friedrich, der für die Rückgabe der Stephanskrone eine Summe von 40 000 Dukaten und für die Rückgabe der Stadt Ödenburg weitere 10 000 Dukaten forderte. Diese Summe war für die ungarischen Stände weit überhöht, ihr Verhandlungsangebot stand bei 12 000 Dukaten. Als es zu keiner Einigung kam, vermittelten die päpstlichen Legaten Bessarion und Carvajal. Friedrich, der inzwischen von einer gegen Mathias revoltierenden Adelsfronde am 17. Februar 1459 in Güssing zum Nachfolger des Ladislaus gewählt worden war, steigerte seine Ansprüche bis auf 100 000 Dukaten und fügte dem noch hinzu, daß er auch weiterhin, auch nach der Rückgabe der Stephanskrone, den Titel eines Königs von Ungarn führen wollte. Nach tatsächlich jahrelangen Verhandlungen (1461 scheiterte ein Versuch, die Krone durch Vermittlung deutscher Reichsfürsten zu erhalten) kam schließlich durch die Vermittlung des päpstlichen Legaten Hieronymus Landus im Jahre 1462 ein Vertrag zustande. Dieser Präliminarvertrag vom 3. April 1462 setzte einen hohen Preis für die Krone fest:

1. Friedrich erhält als Entschädigung und für die Aufbewahrung der Krone 80 000 Gulden.
2. Die ungarischen Orte Forchtenstein, Kobersdorf, Eisenstadt, Güns und Rechnitz bleiben im Besitz des Kaisers. Sopron wird wieder an Ungarn zurückgegeben.

Prunkkreuz, sogenannter Kalvarienberg des Mathias Corvinus, Oberteil französisch, 1402, Unterteil wahrscheinlich lombardisch, zwischen 1469 und 1490, Goldemailplastik, Prunkstück des Domschatzes von Esztergom.

Bildnis der Königin Beatrix, Marmor, lombardisch-mailändische Arbeit, 1485/90.

Ofenkachel mit der thronenden Gestalt des Königs Mathias, ungarischer Meister, um 1488/90, bei Ausgrabungen im Budapester Königsschloß gefunden.

Nos mathias Dei gratia Rex Hungarie Bohemie ꝛc

Wappenbrief

Großes Doppelsiegel des Königs Mathias von 1465, ungefärbtes Wachs, Durchmesser 11,6 cm.

Wappenbrief

Erstes Geheimsiegel des Königs Mathias von 1460, rotes Wachs, Durchmesser 6,7 cm; im Herzschild der Rabe mit dem Ring der Familie Hunyadi.

Ehrenhof des Renaissancepalastes von Visegrád mit Resten des Herkulesbrunnen.

Löwenbrunnen auf der vierten Terrasse des Palastes von Visegrád.

Nachbildung eines gotischen Nischendenkmales für König Mathias in Bautzen auf dem Torturm des Schlosses Ortenburg. Die Replik befindet sich auf der Westwand des Turmes der ehemaligen St. Nikolauskirche auf dem Burgberg in Budapest.

3. Friedrich behält persönlich den Titel eines Königs von Ungarn.
4. Friedrich nimmt Mathias als Sohn an, und Mathias soll ihn Vater nennen.
5. Sollte Mathias ohne männlichen Erben sterben, sind Friedrich oder seine Erben in Ungarn erbberechtigt.

Anfang Mai gaben die Stände in Ofen ihre Zustimmung zu diesem Vertrag, der sehr bindende Verpflichtungen enthielt. Diese Zustimmung war daher ein deutliches Indiz für die gesicherte Machtposition des Königs.

Der Austausch sollte noch im gleichen Jahr in Wiener Neustadt erfolgen. Zu diesem Zeitpunkt aber lag Friedrich wieder einmal mit Wien bzw. mit der Albertinischen Partei in Wien in Fehde und wurde in der Wiener Burg von Parteigängern Albrechts VI. belagert. Nachdem er mit Albrecht im Dezember 1462 einen Vergleich hatte schließen können, konnte er sich wieder der ungarischen Frage zuwenden. Am 17. Juli 1463 wurde endlich die Vertragsurkunde in Wiener Neustadt ausgefertigt und ratifiziert, in der sich Friedrich noch immer Rex Hungarie nennt. Schon wenige Tage später erschienen 3 000 ungarische Reiter vor Wiener Neustadt, um die Krone abzuholen. Friedrich war über die Größe dieses Aufgebotes reichlich verstimmt und ließ nur 200 Reiter in die Stadt ein. In sehr beleidigter Atmosphäre erfolgte die Übergabe der Krone an die Ungarn. Nach sechsjähriger Herrschaft konnte Mathias endlich am 29. März 1464 mit der Krone des heiligen Stephan in Stuhlweißenburg durch den Erzbischof von Gran gekrönt werden. Es war dies seit dem Aussterben der Arpaden der erste nationale ungarische König, der auch nach allen „Regeln der Kunst", d. h. mit der richtigen Krone, am richtigen Ort und von der richtigen Persönlichkeit gekrönt wurde. Im gegenseitigen Verhältnis der beiden Konkurrenten Friedrich und Mathias folgte nun eine etwas beruhigtere Phase, vor allem deshalb, weil Mathias seinerseits wieder mit der türkischen Gefahr rechnen mußte und Friedrich neben den Fehden im eigenen Lande auch die böhmische Frage zu bewältigen hatte.

Wie sich später herausstellte, war dieser Vertrag für Friedrich III. ein großer Erfolg, der die Erwerbung Ungarns für das Haus Österreich in der Generation seiner Urenkel begründete.

Ein tatkräftiger Herrscher – innere Reformen

Nach wenigen Monaten schon war zu sehen, daß die Rechnung der Barone, einen schwachen Herrscher erwählt zu haben, nicht aufging. Zug um Zug entmachtete Mathias den an seine Seite gestellten Reichsverweser – er schickte ihn in den Kampf gegen die Türken – und enthob den Palatin Ladislaus Garai und den Woiwoden Nikolaus Ujlaki ihrer Ämter. Diese beiden Magnatenfamilien, von denen die Garais noch kurz vorher bereit gewesen waren, ihre Tochter dem König zu verheiraten, verschworen sich mit dem beleidigten, der Vormundschaft beraubten Onkel und boten dem Kaiser als nächstem Verwandten des Ladislaus die Krone Ungarns an. Am 17. Februar 1459 wählten sie zu Güssing den Habsburger, unterließen aber den Versuch einer Krönung.

Mathias ließ sich in dieser Anfangsphase der Festigung der Regierung von den Vorschlägen und Plänen des Johann Vitéz leiten, der damals eine unangefochtene Stellung bei ihm einnahm. Nach der Wahl in Güssing forderte der Kaiser den „Woiwoden Mathias“ auf, ihm zu huldigen. Mathias wiederum nannte den Kaiser in einem Schreiben an die Reichsstände einen Usurpator und Feind des „ungarischen Stammes und der ungarischen Sprache“. Ein eilig aufgestelltes königliches Aufgebot erlitt zuerst bei Körmend eine Schlappe; Simon Nagy, der Banus von Macsó, konnte diesen Verlust aber wieder wettmachen. Außerdem starb plötzlich Ladislaus Garai, wodurch die kaiserliche Partei schwer geschwächt wurde. Die Familie Garai unterwarf sich, die anderen Verschwörer folgten diesem Beispiel.

Zudem ergriff der neu gewählte Papst Pius II. (Enea Silvio Piccolomini), auf den der Kaiser Hoffnungen gesetzt hatte, die Partei des Königs, da er sich vom Sohne Hunyadis eine mächtige Offensive gegen die Türken erwartete. Um eine europäische Initiative gegen die Osmanen in die Tat umzusetzen, berief Pius II. für 1460 einen Kongreß nach Mantua ein. Seinen Legaten Carvajal wies er an, dem König zur Seite zu stehen und eine Aussöhnung mit dem Kaiser und die Rückgabe der Krone an die Ungarn zu betreiben. Der Fürstenkongreß von Mantua blieb jedoch ohne konkrete Ergebnisse, und auch die Verhandlungen mit dem Kaiser, der zunehmend in Konflikt mit seinem Bruder Albrecht VI. um den Besitz von Nieder- und Oberösterreich geriet, schleppten sich dahin.

Mathias nützte diese außenpolitisch für ihn ungefährlichere Phase, indem er im Innern durchgreifende Reformen begann.

Da er gegen den Widerstand der Barone vom Komitatsadel gewählt worden war, mußte er alles tun, um die Macht der Magnaten weiter zu beschränken und die Abhängigkeit des Königs von den „Familien“ zu beseitigen. Bei allen seinen innenpolitischen Reformen konnte er auf Vorarbeiten bzw. Plänen seines Vaters aufbauen.

Zwei einander wesentlich bedingende Faktoren sollten den König von der Willkür der Barone unabhängig machen und eine Zentralisation des staatlichen Lebens auf den König garantieren. Diese beiden Faktoren waren die Einkünfte der Krone und das Heerwesen.

Wie bereits erwähnt, hatte unter dem Feldherrn János Hunyadi das ungarische Heer schon eine wichtige Entwicklung durchgemacht, die vor allem durch Hunyadis Erfahrungen in Italien und Böhmen, aber auch durch seine Kämpfe mit den Türken geprägt war.

Diesen Weg ging der Corvine konsequent weiter. Das bisherige Aufgebot, bestehend aus den Banderien des Hochadels und dem kaum ausgebildeten Komitatsaufgebot, ersetzte er durch wohl ausgebildete und vor allem regelmäßig bezahlte Söldnereinheiten, die hauptsächlich in Böhmen und in den deutschen Reichslanden angeworben wurden. Nationales Herkommen hatte bei diesen Truppen überhaupt keinen Belang, man diente treu der Fahne, zu der man angeworben worden war. Die Fluktuation der Söldner war üblich, doch bessere und sichere Bezahlung garantierte eine Kontinuität des Truppenkörpers. Die Bindung an den jeweiligen Hauptmann war besonders eng, der einzelne Mann wechselte die Fronten im Gefolge seines Vorgesetzten.

Das Aufgebot strukturierte sich gewöhnlich in Infanterie, leichte Reiterei und schwere Reiterei, wobei die letztere Waffengattung der wichtigste Heeresteil war.

Wir können annehmen, daß Mathias am Ende seiner Regierungszeit über ein stehendes Heer von 20 000 bis 25 000 Mann verfügte. Das war im europäischen Vergleich eine geradezu großartige Truppe, denn z. B. Frankreich besaß zu jener Zeit höchstens 12 000 einsatzfähige, ständig zur Verfügung stehende Soldaten. Wenn man die Organisation des ungarischen Heeres mit verschiedenen europäischen Truppen vergleicht, so bestand die eheste Verwandtschaft mit dem polnischen Heere, wobei die Ungarn an Zahl unterlegen, an Ausbildungsstand und Einsatzfähigkeit überlegen waren.

Unter Mathias vollzog sich eine Schwergewichtsverlagerung von der schweren zur leichten Reiterei, was ein Ergebnis der jahrzehntelangen Auseinandersetzung mit den Osmanen darstellte. Man hatte sich deren lockerer und schnellerer Taktik anpassen müssen. Man pflegte, was die Strategien betraf, die türkische Methode der Streifzüge und Einschüchterung des Gegners, während im taktischen Kalkül die deutsch-böhmische Kampfweise, die Auseinandersetzung in offener Schlacht von Mann zu Mann, im Vordergrund stand. Mathias' Kriegstheorie, soweit man von einer solchen sprechen kann, versuchte den jeweiligen Gegner mit der bei ihm am schwächsten ausgeprägten Kampfesmethode zu treffen, d. h. die Heere Friedrichs griff er in osmanischer Weise mit leichter Reiterei an und lockte sie so in Hinterhalte, während er die Osmanen mit offener Feldschlacht zu treffen trachtete. Ein wesentlicher Mangel dieses taktischen Konzeptes war aber, daß es keine Entscheidungen herbeiführte. Dies war auch der Grund, warum sich seine Feldzüge gegen Friedrich derart in die Länge zogen: Es fanden keine, den Feldzug auf Dauer entscheidende Schlachten statt.

Der Gewinn eines befestigten Punktes oder ein erfolgreich bestandenes Scharmützel änderte die Kriegslage von einem Tag auf den anderen. Die Feldzüge zersplitterten in zahllose Einzelaktionen, die schwer zu überblicken, ja kaum rechtzeitig zu erfahren waren, um jeweils wirksame und schnelle Gegenmaßnahmen zu treffen. Feldzugentscheidend war daher meist die finanzielle Lage der Kontrahenten: Wer mehr Geld hatte, konnte länger Krieg führen.

Das Heer des Kaisers befand sich zu diesem Zeitpunkt an einem Tiefpunkt seiner Entwicklung. Wie immer hatte Friedrich III. kein Geld und konnte seine Söldner nur sehr zögernd bzw. nur sehr schlecht entlohnen, was nicht gerade das Kriegsglück an seine Fahnen heftete.

Grundvoraussetzung für den hervorragenden Zustand des „Schwarzen Heeres", wie die Truppen des Corvinen nach seinem Tode genannt wurden, war aber die finanzielle Seite des Problems.

Es war daher vordringlich, die staatliche Geldaufbringung auf neue, gesicherte Ebenen zu bringen. An sich waren die Regalieneinkünfte der Krone ziemlich hoch, doch waren sie in Zeiten der Thronvakanz und sonstiger Unruhen zum Teil nicht eingehoben, zum Teil von den Baronen widerrechtlich eingezogen worden.

Die Einkünfte der Krone erwuchsen aus den Münz- und Bergregalien, aus Zöllen und seltener aus Sondersteuern zum Anlaßfall. In seiner Wahlkapitulation hatte sich Mathias verpflichten müssen, am bestehenden Steuersystem keine Änderungen vorzunehmen, d. h. an der Steuerfreiheit des Adels nicht zu rühren. Der Unterstützung des Komitatsadels gewiß, schritt er zu einer weitgehenden Reform des Abgabenwesens. Alte Steuern, die durch seinen Throneid garantiert waren, wurden abgeschafft und durch neue Abgaben ersetzt. In der Geldreform des Jahres 1467 wurde auch mit dem Privileg der grundsätzlichen Steuerfreiheit des Adels gebrochen. Nun wurde auch der niedere Adel, der kaum vermögender war als ein untertäniger Bauer, zur Kasse gebeten.

Zur Zeit des unmündigen Königs Ladislaus waren die Einkünfte der Krone auf ungefähr 113 000 ungarische Gulden gesunken. Unter Mathias betrug anfangs allein der Gewinn aus dem Salzregal 100 000 Gulden. Durch die einheitliche Festsetzung der Edelmetallpreise verdoppelten sich die Einnahmen aus den Bergwerken. Unter seinen Vorgängern waren Einkünfte aus Zöllen des öfteren verpfändet oder widerrechtlich von anderen usurpiert worden. All dem wurde Abhilfe geschaffen, und 1463 lagen die Einnahmen der Krone bereits bei 300 000 Gulden.

Die für die Städte festgesetzten Steuersätze blieben zunächst unangetastet, was das hohe Ansehen des Königs bei den Städten förderte.

Als entscheidend für die Steigerung der königlichen Einkünfte erwies sich die neue und konsequent durchgeführte Form der Eintreibung. Dieser Verwaltungsbereich unterstand nun unter Ausschaltung der Magnaten direkt dem König. Er schuf sich hiefür einen ständigen, nur ihm ergebenen Beamtenapparat, der sich zumeist aus dem Kleinadel, aber auch aus dem Stadtbürgertum rekrutierte. Einer der Vorsteher der Finanzverwaltung war der gebürtige Wiener Johann Ernuszt, der möglicherweise jüdischer Abstammung war. Dieser war 1461 zum Leiter der Dreißigstelzollstelle von Preßburg ernannt worden. In einer seltenen Karriere avancierte er zum Kammergespan, dann zum Schatzmeister und schließlich zum Banus von Slawonien. Für einen Bürgerlichen ein wahrhaft ungewöhnlicher Aufstieg.

Als König Mathias im Kampf um die böhmische Krone stand, mußte er aufgrund der hohen Kriegsausgaben nach neuen Geldquellen suchen. Er forderte daher vom Landtag eine außerordentliche Steuer, der nur unter der Bedingung der Einmaligkeit zugestimmt wurde. Doch in der Folge wurde diese Steuer unter einem neuen Namen als Portalsteuer (für jede Haustüre – porta) regelmäßig vom Reichstag bewilligt. Während der aufwendigen Feldzüge gegen Friedrich III. wurden die auf den Hintersassen lastenden Kopfsteuern bis zu zwei- und dreimal im Jahr eingehoben. Damit gelang eine Erhöhung der jährlichen Steuereinnahmen auf 800 000 Gulden, was die Grenze der Leistungsfähigkeit des Landes bedeutete. Eine Erhöhung war nur noch durch die Eroberung Niederösterreichs und seiner Steuerkapazität möglich. Von diesem fast auf eine Million gestiegenen Betrag ging aber beinahe die Hälfte für die Entlohnung des Söldnerheeres auf, was die Summe entsprechend relativiert.

Mit diesen Verwaltungsreformen, die eine Zentralisation der königlichen Macht begründeten, gingen auch Veränderungen des gesellschaftlichen Gefüges einher.

Schon bei der Wahl des Mathias war der geistliche und der weltliche Hochadel zugunsten des Komitatsadels zurückgedrängt worden. Diesen Gegensatz stellte der König ganz in den

Dienst seiner Sache und spielte die beiden Gruppen geschickt gegeneinander aus.

1486 gelang es ihm, das Übergewicht des Komitatsadels zu sichern, indem er den Obergespan eines Komitats verpflichtete, seinen Untergespan aus dem jeweiligen Komitatsadel zu erwählen und nicht wie bisher aus irgendeinem Komitat einen Familiaren für dieses Amt herbeizuholen. Dadurch wurde die Bindung zwischen Obergespan und Untergespan beseitigt, der Komitatsadel weiter der Krone verpflichtet.

Das neue, nur dem König gehorsame Beamtentum und zahlreiche, teilweise aus dem Ausland stammende Günstlinge, die mit hohen geistlichen Funktionen belohnt wurden, bildeten eine neue gesellschaftliche Schicht.

Staatsrechtlich von weitreichender Bedeutung, auch für seine Nachfolger, waren die „Artikeln über den Palatin", in denen der Kompetenzbereich dieses höchsten Amtes exakt umschrieben wurde. Der Palatin war berechtigt, bei einer Königswahl als erster seine Stimme abzugeben, er sollte für einen minderjährigen König oder für einen abwesenden Herrscher die Regentschaft führen. Er war die höchste Instanz der Rechtsprechung, der Vermittler zwischen König und Reich (mediator inter regem et regnum). Effektuiert wurden diese Artikel erst nach der Türkenherrschaft im 17. Jahrhundert.

Die Türkenpolitik des Mathias Corvinus

Was die Politik gegen die Osmanen anlangt, unterschied sich die Politik des Königs ganz entscheidend von der seines Vaters. Keineswegs war sein gesamtes Sinnen und Trachten darauf gerichtet, alle Mittel flüssig zu machen, um ein Heer gegen die Türken zu organisieren. Im Gegenteil, er trachtete immer wieder, mit den Osmanen zu einem relativ friedlichen bzw. realistischen Verhältnis zu gelangen.

Als sein Onkel Michael Szilágyi nach seiner Unterwerfung mit nur geringen Mitteln 1459 einen Feldzug gegen die Osmanen unternahm, bei Semendria in türkische Gefangenschaft geriet und später in Istanbul öffentlich hingerichtet wurde, unternahm er nichts, um diese Schmach seines Onkels und ehemaligen Reichsverwesers zu rächen. Man wird ihm zugute halten können, daß er damals kaum 17 Jahre alt war.

Er persönlich führte einen einzigen Feldzug gegen die Türken. Nachdem Sultan Mehmed II. 1462 Bosnien erobert hatte, unternahm Mathias im Herbst des darauffolgenden Jahres den Versuch, Bosnien den Türken wieder zu entreißen. Es gelang ihm, im September 1463 die Stadt Jajce wieder zu erobern.

Nach seinem erfolgreichen Feldzug von 1463 schloß er im folgenden Jahr ein antiosmanisches Bündnis mit Venedig, empfing auch stattliche Subsidiengelder, doch da die böhmische Frage ihn wesentlich mehr beschäftigte, kam es in diesem Jahre zu keinem größeren Unternehmen gegen die Türken.

Sonst verlegte er sich eher auf eine ideologieferne Realpolitik und schloß mit den Osmanen immer wieder Vereinbarungen über eine Waffenruhe. Das brachte ihm zwar manchen Tadel Roms ein, gegen den er sich entschieden zur Wehr setzte, ja dem Papsttum gegenüber ein friedliches Arrangement mit den Türken als ein erstrebenswertes Ziel bezeichnete. Von Marzio ist eine ganze Reihe von Stellungnahmen des Königs überliefert, in denen er sich gegen einen Krieg mit den Osmanen aussprach. „Tunc rex Mathias hilari vultu inquit: ‚Si centesimam antiquae militiae aetas nostra teneret talemque rei militaris disciplinam haberemus, quae posset cum antiquitate conferri, profecto Turcorum regnum non fuisset tam longe lateque diffusum.'" (Hierauf sagte König Mathias mit lächelnder Miene: „Wenn unsere Zeit ein Hundertstel des antiken Heeres besäße und wir eine derartige Militärdisziplin hätten, die sich mit der Antike vergleichen ließe, so wäre in der Tat das türkische Reich nicht so weit ausgedehnt.")

Er delegierte seine bevollmächtigten Gesandten des öfteren zu den deutschen Reichstagen, um über eine Militärhilfe gegen die Türken zu verhandeln. Doch infolge der zähen Entscheidungsfindung des Reichstages und der partikularistischen, anders gelagerten Interessen der Reichsfürsten, deren Länder kaum unmittelbar betroffen waren, wurde nie Einigkeit erzielt. Eine schnelle und wirksame, von einer großen Gruppe von deutschen Fürsten getragene Resolution kam daher nicht zustande. Ungarn stand zwar nicht ideell, aber materiell fast völlig allein gegen einen übermächtigen Gegner, der über unerschöpfliche Ressourcen verfügte. Der König machte sich also keine Illusionen darüber, daß er kaum mit Bundesgenossen zu rechnen hätte und aufgrund seiner tatsächlichen Machtmittel den Türken gegenüber grundsätzlich der Unterlegene war. Er versuchte des öfteren den Päpsten klar zu machen, daß er, allein um den Schutz seiner Länder zu gewährleisten, zu Verträgen mit den Türken gezwungen sei, wie aus einem Schreiben an Papst Sixtus IV. hervorgeht.

Wir besitzen einen Brief des Mathias aus dem Jahre 1478 an Sultan Mehmed II., in dem er seiner Versicherung Ausdruck verleiht, den Waffenstillstand, der vom Sultan für die Zeit von fünf Jahren vorgeschlagen worden war, einhalten zu wollen, und überhaupt meint, daß ein fortdauernder Friede wünschenswert wäre. Er verknüpft dies mit dem Wunsche, daß der Sultan auch den ungarischen Handel zur See schonen und türkische Händler nur bis zur ungarischen Grenze agieren lassen möge.

In einem weiteren Schreiben an den Papst aus dem Jahre 1479 warnte er diesen, nicht gegen den orthodoxen Turkmenenfürsten Uzun Hasan vorzugehen, sondern ihm im Interesse der Christenheit sogar etwas in der Frage der Orthodoxie entgegenzukommen, um ihn bei der Stange zu halten und nicht den Türken in die Arme zu treiben.

Erst nach dem Tode Mehmeds II. im Jahre 1481 gibt es Anzeichen, daß Mathias unter Umständen zu einer Revision seiner zurückhaltenden Türkenpolitik bereit gewesen wäre und den Schwächezustand des türkischen Reiches für einen Krieg ausnützen wollte. Die Grundvoraussetzung für einen Feldzug gegen die Türken sah er in einer Unterstützung durch den Papst, d. h. daß ihn dieser vor den Angriffen des Kaisers zu beschützen hätte.

Einer seiner Vertrauten in Rom, der Kardinal Johann von Aragon, sollte dem Papst mitteilen, daß er nur unter dem Schutze des Heiligen Stuhles einen derartigen Feldzug unternehmen könnte. Solange aber die Bischöfe des eigenen Landes die Partei des Kaisers ergriffen, sähe er keine Möglichkeit, einen Feldzug zu riskieren. 1481 berichtet er von einem Feldzug seines bevorzugten Feldhauptmannes Paul Kinizsi gegen Serbien. Im November des gleichen Jahres berichtet er an König Ferdinand von Neapel, daß seine Truppen weit in türkisches Gebiet vorgedrungen seien und bereits mehrere türkische Festungen erobert hätten. Gleichzeitig aber intervenierte er beim Papst, daß mit den Türken wieder Friede geschlossen werden möge. Auch aus dem Jahr 1487 ist ein Schreiben des Königs Mathias an Sultan Bajezid II. überliefert, in dem er dem Sultan für seine freundschaftlichen Beziehungen zu Ungarn dankt und ihn gleichzeitig ersucht, die Einfälle freischärlerischer Truppen auf ungarisches Gebiet durch seinen Machteinsatz zu unterbinden. Seine Türkenpolitik, die wir aus heutiger Sicht als eine sehr vernünftige und realistische bezeichnen müssen, wurde von seinem Nachfolger kurzfristig fortgeführt. Erst als die Jagellonen später wieder allein gegen die Türken Krieg führten, wurde Ungarn ein Schlachtfeld für europäische Stellvertreterkriege und schließlich von den Türken erobert.

Erst nach 150 Jahren Fremdherrschaft wurden weite Teile des Landes befreit. Für Mathias waren die Türken und die Bedrohung seines Landes durch sie immer wieder ein Mittel, das er im Kampf gegen den Kaiser einsetzte. Seine zahlreichen Versicherungen an die verschiedensten europäischen Fürstenhäuser, daß er allein durch das Verhalten Friedrichs III., der sich nicht an Verträge halte, keinen entscheidenden Feldzug führen könnte, passen in dieses außenpolitische Konzept.

1480 richtet er an seine bayerischen Verbündeten das Ersuchen, sie mögen beim Kaiser für einen Waffenstillstand plädieren, da die Türken über das Murtal nach Graz vorrückten und Mathias ohne Waffenstillstand seinen Feldherrn Tobias von Cernahora nicht zu ihrer Bekämpfung entsenden könnte.

Als im deutschen Reiche – nicht ganz zu Unrecht – der Vorwurf erhoben wurde, daß der Corvine, anstatt die Türken zu bekämpfen, den Kaiser und seine Erblande mit Krieg überziehe, sandte er an die Kurfürsten Rechtfertigungsschreiben, in denen er auf das bösartige Verhalten Friedrichs III., das endlich nur den Osmanen nützte, besonders hinwies. Angesichts dieser Beschuldigungen mußte er ja befürchten, daß einmal der Spieß umgedreht würde und Friedrich III. ein Reichsheer gegen Ungarn einsetzen könnte.

So verfehlte Mathias nicht, jeden kleineren Feldzug, der erfolgreich gegen die Türken geführt worden war, den wichtigsten europäischen Fürsten zu annotieren.

Wirklich erfolgreich tätig war er gegen die Türken nur auf einem wenig spektakulären Gebiet – beim Ausbau des Grenzbefestigungssystems, das schon unter der Regentschaft seines Vaters begonnen worden war. Dieses Verteidigungssystem verlängerte letztlich auch den Bestand des ungarischen Staates um mehr als drei Dezennien nach seinem Tode. Der Ausbau dieser 500 Kilometer langen befestigten Grenze, die von der Walachei bis zum Adriatischen Meer reichte, begann nach der Rückeroberung von Jajce.

Diese behutsame Politik dem Osmanischen Reich gegenüber war aber nicht nur das Ergebnis klar erkannter Unterlegenheit. Denn ein völlig wehrloses Land wäre sicherlich früher unter türkische Abhängigkeit oder zumindest Tributpflicht geraten. Es läßt sich daher durchaus die Hypothese aufstellen, daß die Existenz eines schlagkräftigen, wenn auch kleinen Söldnerheeres die osmanischen Expansionsgelüste bremste und die Anstrengungen, Ungarn zu erobern, für die Türken größer erscheinen ließ.

Grenzscharmützel und kleinere Überfälle zählten nicht zu erwähnenswerten kriegerischen Ereignisses und blieben allemal an der Tagesordnung.

Der Kampf um die Krone Böhmens

Wie schon erwähnt, hatte Mathias sich nach dem Tode des Ladislaus mit Katharina, der Tochter Georg Podiebrads, verlobt. Als aussichtsreichster Bewerber für den böhmischen Thron war Podiebrad für Mathias ein willkommener Bundesgenosse. Dieses enge Bündnis hielt jedoch nicht lange, da sich Podiebrad, um die böhmische Kurfürstenwürde zu gewinnen, mit Kaiser Friedrich III. einigen mußte. Für ihn als Utraquisten war die Anerkennung durch den Kaiser viel wichtiger als eine Koalition der nicht nach dem Legitimitätsprinzip zur Macht gekommenen Herrscher. Trotz Intervention des Mathias, der Georg Podiebrads Unterstützung bei der Gewinnung der Stephanskrone suchte, blieb der Böhme eher ein Parteigänger Friedrichs. Dieser belehnte Georg Podiebrad feierlich mit Böhmen und erhob auch dessen Sohn Viktorin zum Herzog von Münsterberg. Als sich Podiebrad aber in seinen Aussichten auf die deutsche Königswürde von Friedrich getäuscht sah, wechselte er die Fronten und ging während der habsburgischen Fehden auf die Seite Albrechts VI. über. Hier fand er sich wieder mit seinem Schwiegersohn vereint, der anläßlich seiner Hochzeit mit Katharina Podiebrad ein Bündnis mit Albrecht VI. geschlossen hatte. Während der Fehden von 1461/62 unterstützte Georg Podiebrad die aufständischen Adeligen und ließ seine böhmischen Söldner in Niederösterreich einfallen. Dies brachte wiederum eine Annäherung zwischen Mathias und Friedrich. Vor allem nach dem Vertrag von Wiener Neustadt war Mathias bis zu einem gewissen Grade saturiert und strebte daher nach einem neuen Betätigungsfelde, wobei er sicherlich von der päpstlichen Politik mehr auf die böhmische Frage hingelenkt wurde. Schon im Jänner 1464 schrieb Mathias an Papst Pius II., daß neben den Türken, gegen die er kürzlich einen erfolgreichen Feldzug geführt hatte, die Christenheit auch von den „infidi Christiani“ (den ungläubigen Christen), wobei er natürlich die Hussiten meinte, bedroht wäre.

Als seine Frau Katharina im Februar 1464 im Kindbett starb, fühlte er sich durch Familienbande nicht mehr gebunden. Da er ohnedies einen Feldzug gegen Giskra, der noch immer in Oberungarn hauste, zu führen hatte, verband er den mit einem Krieg gegen den Ketzer Podiebrad, was zweifellos ein der Kirche wohlgefälliges Werk war. Johann Vitéz gegenüber soll er damals geäußert haben, daß das, was Ungarn nützt, einem Gottesdienst gleiche („quidquid pro salute patrie agitur sacrificio loco est“).

Podiebrad seinerseits favorisierte zu diesem Zeitpunkt das Projekt eines Fürstenbundes, dem die offizielle Aufgabe des Kampfes gegen die Türken zukommen sollte. In der Tat war dieser Bund der Ausdruck der wachsenden Unabhängigkeit der Territorialherren von Papsttum und Kaiser. In diese Konstellation war Mathias aber als letzter miteinbezogen worden, was sicherlich seine Eitelkeit verletzte. Daher ergriff er, im Bündnis mit dem Papst, Partei für das Prinzip des souveränen Staates, der sich auch mit dem Kaiser zu verbünden habe. Diese Ablehnung des Fürstenbundes entsprach in jeder Beziehung den Interessen des Königs, außerdem hatte er klar erkannt, daß diese Konstruktion nicht von Dauer sein konnte. Tatsächlich scheiterte dieser Fürstenbund sehr bald an religiösen Fragen. Mathias wandte sich noch nicht offensiv gegen Podiebrad, er trachtete nur die Einfälle der böhmischen Söldner nach Oberungarn einzuschränken. Nach dem Tode Pius II., der ein scharfer Gegner der Utraquisten gewesen war, mußte Mathias keine aktive Kriegspolitik mehr gegen Podiebrad treiben, sondern schloß mit ihm ein Abkommen. Doch die böhmische Frage blieb virulent. Der neue Papst Paul II. nuancierte seine Böhmenpolitik insoferne anders, als er den Katholiken in Mähren und in Schlesien seine besondere Unterstützung zuteil werden ließ. Die katholische Liga von Grünberg, die unter der Führung des Zdenek von Sternberg stand, der sich selbst Hoffnungen auf die böhmische Krone machte, schloß im November 1465 ein Bündnis gegen Podiebrad, dem sich Mathias anschloß. Dieser Herrenbund hat in der Folge die Wege für die Wahl des Mathias zum böhmischen König geebnet.

Da Georg Podiebrad noch immer die böhmischen Söldner

in Niederösterreich gewähren – d. h. verheeren und plündern – ließ, außerdem weiterhin die Fehdegegner Friedrichs III. unterstützte, begünstigte er eine Annäherung zwischen Friedrich und Mathias. Der Papst tat ein übriges, indem er die böhmischen Untertanen von ihrem Eid an den König entband. Diese Kriegserklärung der Kurie an den Utraquismus mußte Mathias als das weltliche Schwert des Papsttumes durchführen und alle mit Böhmen geschlossenen Abmachungen aufkündigen. Nicht nur im Hinblick auf den möglichen Gewinn der böhmischen Krone, sondern auch auf seine Türkenpolitik hatte Mathias im Grunde keine andere Wahl. Denn wenn jemand einen allgemeinen, europaweiten Feldzug gegen die Türken propagieren konnte, so war es das Papsttum. Schließlich mußte Mathias mit einem weiteren Bewerber um die böhmische Krone rechnen: Wladislaw Jagello (seine Mutter war eine ältere Schwester des Ladislaus Postumus), der Sohn König Kasimirs IV., konnte legitime Ansprüche geltend machen, die auch vom Herrenbund favorisiert wurden. Zunächst gelang Mathias eine wichtige militärische Entscheidung, als er Ende 1466 die Reste der „Böhmischen Brüder" (so wurden die Söldnerhorden auch genannt) bei Kosztolány schlug und damit deren Einfällen nach Oberungarn ein Ende bereitete. Dies führte eine Einigung zwischen Mathias und Friedrich III. herbei, der nun mit Truppen unter der Führung Ulrichs von Grafenegg den Corvinen gegen die Türken, die wieder Krain und die Steiermark bedrohten, unterstützen wollte. Dieser Kriegsplan wurde auch von den Reichsfürsten gutgeheißen, doch die versprochenen Truppenkontingente blieben aus. Die deutschen Fürsten, die vielfach Lehensträger der böhmischen Krone waren, wandten ihr Interesse lieber der böhmischen Frage zu. Diese war akut geworden, als Paul II. über Georg Podiebrad am 23. Dezember 1466 den Kirchenbann ausgesprochen hatte. Zu diesem Zeitpunkt waren die Chancen des Mathias gut, da Kasimir von Polen, als der Herrenbund und auch der Papst bei ihm wegen einer Kandidatur anfragten, ausweichen mußte. Er befand sich in einer Auseinandersetzung mit dem Deutschen Orden und konnte keinen Zweifrontenkrieg riskieren. Auf dem Reichstag von Nürnberg mußte der Papst, vertreten durch Lorenzo Roverella, eine Niederlage hinnehmen. Die deutschen Fürsten waren nicht bereit, gegen Böhmen vorzugehen, eine

Reichsexekution unterblieb. So war wieder Mathias der einzige, der mit Nachdruck die Pläne der Kurie unterstützte. Auch die Katholiken wandten sich durch den Bischof Prothas von Olmütz um Unterstützung an ihn. Als Viktorin, Georg Podiebrads Sohn, dem Kaiser die Fehde erklärte, mußte auch dieser Mathias um Hilfe gegen Böhmen ersuchen. Diese Bitte wird Friedrich nicht leicht gefallen sein, und er wird diese peinliche Situation bei künftigen Auseinandersetzungen mit Mathias öfter vor Augen gehabt haben. Mathias berief nun für März 1468 eine Ständeversammlung nach Erlau, um den ungarischen Adel für einen Krieg gegen Böhmen zu gewinnen. Dort trat Mathias, nachdem er kurz zuvor in Siebenbürgen und in der Moldau einen Adelsaufstand niedergeschlagen hatte, ganz kriegerisch auf und konnte die Stände überzeugen. Ohne irgendeine Kriegserklärung an Viktorin marschierten die Ungarn nach Niederösterreich und vertrieben in kürzester Zeit die Böhmen. Mit Unterstützung des Herrenbundes erklärte Mathias nun, daß er den katholischen Ständen Böhmens seinen Schutz angedeihen lassen werde. In einem Brief an den Papst unterstrich er die besondere Stellung Ungarns als Stütze des Papsttums gegen die Utraquisten, vermied es aber gleichzeitig, ausdrücklich auf den böhmischen Thron Anspruch zu erheben, da sich Kasimir inzwischen mit dem Deutschen Orden geeinigt und den Frieden von Thorn geschlossen hatte. Mathias mußte nun trachten, mit Kasimir ein Agreement herbeizuführen. Er unterbreitete ihm daher den Plan einer Doppelhochzeit, die ihm einerseits eine Ehefrau aus königlichem Hause einbringen sollte; anderseits fußte dieser Plan auf dem Vertrag von Wiener Neustadt. Denn Mathias wollte Hedwig, die Tochter Kasimirs, heiraten, Maximilian, Friedrichs damals noch nicht zehnjähriger Sohn, sollte deren Schwester ehelichen. Die Antwort der Polen war ablehnend: „... verschlugen [dies] die Polen, und achteten disen Mathiam samb ungleich und untogentlich der königlichen Tochter von Polen." Diese Situation wollte Podiebrad zu einer Einigung mit den Polen nutzen. Mathias selbst sah keinen Grund nachzugeben, da er durch den polnischen Affront zutiefst beleidigt war. Er führte seinen Krieg gegen den Böhmen nun allein, da Friedrich außer vagen Versprechungen nichts bieten konnte. Schließlich verpfändete der Kaiser doch für ein Jahr alle noch verfügbaren, d. h. nicht anderswo verpfändeten

Einkünfte an Mathias, um diesen Feldzug zu führen, da Friedrich zu seinem zweiten Romzug aufbrechen wollte. Diesen Romzug hatte er anläßlich der Belagerung in der Wiener Hofburg durch die mit seinem Bruder Albrecht VI. verbündeten Wiener gelobt. Mathias mußte sich lediglich verpflichten, mit Georg Podiebrad keinen Frieden zu schließen. In kürzester Zeit eroberte er ganz Mähren, wollte sich aber nicht allein auf die militärischen Erfolge verlassen und versuchte, sein Vorgehen gegenüber den deutschen Reichsfürsten diplomatisch abzusichern. Daher sandte er den Propst von Preßburg Georg Schönberg zu den Wittelsbachern, Hohenzollern und Wettinern, die alle enge Beziehungen zu Böhmen unterhielten. 1469, auf dem Reichstage zu Regensburg, verhandelte man über einen gemeinsamen Reichskrieg gegen Böhmen, welches Vorgehen vom päpstlichen Legaten Roverella lebhaft unterstützt wurde. Mitten in die Verhandlungen platzte die Nachricht, daß Mathias mit Podiebrad einen Waffenstillstand geschlossen hätte. Dem Böhmen war es nämlich durch einen geschickten Feldzug gelungen, Mathias militärisch in eine schwierige Lage und so an den Verhandlungstisch zu bringen. Es kam bei Wilemow in Böhmen zu einem persönlichen Treffen der beiden, über dessen Unterhandlungen kein schriftliches Dokument vorliegt. Angeblich wollte Mathias Podiebrad unter der Voraussetzung unterstützen, wenn ihm dieser bei der Erlangung der deutschen Königswürde zur Seite stünde. In der Tat dürften beide danach gestrebt haben und waren sicherlich auch beide von Friedrich durch unbestimmte Versprechungen in diesem Glauben gehalten worden. Mathias nützte diesen auf zwei Monate abgeschlossenen Waffenstillstand für Besprechungen mit den Ungarn, dem päpstlichen Legaten und Vertretern des Kaisers. Im April 1469 begab sich Mathias nach Olmütz, um mit Podiebrad weiter zu verhandeln. Zu dieser Zeit waren nur die Angehörigen des Herrenbundes entschlossen, eine Königskandidatur des Mathias zu unterstützen, der päpstliche Legat war eher zurückhaltend, ja man erwog in Rom sogar eine Teilung Böhmens, da noch immer der Anspruch des polnischen Königs bestand. Bei einer Wahl des Mathias war auch mit dem Widerstand des Kaisers, der Hohenzollern und der Wettiner zu rechnen.

Mathias zeigte sich konziliant und verlängerte den Waffenstillstand mit Podiebrad. Gleichzeitig forderte aber Sternberg als offizieller Sprecher des Herrenbundes die Erhebung des Mathias. Gegen das Versprechen von 200 000 Gulden ließ dieser sich – sicherlich nicht sehr widerstrebend – zur Kandidatur bewegen.

So leistete er am 3. Mai 1469 in Anwesenheit des ungarischen Fürstprimas Vitéz und des Bischofs von Breslau den Eid als König von Böhmen. Stützen konnte er sich aber nur auf die katholischen Stände – und er besaß keine Krone. Dieser scheinbare Sieg über Georg Podiebrad war aber eine schwere Hypothek. Polens Gesandter protestierte, die Kurie verhielt sich strikt neutral – sie sandte dem neuen böhmischen König keine Gratulation –, wodurch Rom indirekt dem Polenkönig Hoffnungen machte. Diese merkwürdige Politik des Papsttumes verwunderte auch den Zeitgenossen Peter Eschenloer, Stadtschreiber in Breslau, ein Gegner des Podiebrad, aber auch der Polen: „Dicebant Poloni, qui pridem in Roma fuerunt, quod summus papa vellet regem Poloniae habere in Bohemia, et non esset suae voluntatis, quod Mathias rex regnum suscepisset. Quod mirabile est. Nam Mathias presencia legatorum apostolicorum ex jussu et petitione pape electus est in Olomuncz." (Die Polen, die kürzlich in Rom waren, sagten, daß der Heilige Vater einen polnischen König in Böhmen wollte, und es entspreche nicht seinem Wunsche, daß König Mathias die Herrschaft übernommen hätte. Das ist merkwürdig. Denn Mathias wurde in Anwesenheit der päpstlichen Gesandten auf Befehl und Wunsch des Papstes in Olmütz gewählt.)

Auf den Protest der Polen reagierte Mathias mit einem sofortigen Angebot an Kasimir und einer Proposition seiner Heiratsvorschläge. Auch Podiebrad wandte sich an Kasimir und wollte seine Tochter Ludmilla mit Wladislaw vermählen. Kasimir, der auch dieses Eheanbot nicht für ebenbürtig hielt, taktierte sehr vorsichtig und meinte, aus einer Auseinandersetzung zwischen Mathias und Podiebrad am meisten gewinnen zu können. Mathias war nun gezwungen, anderswo Bundesgenossen zu finden. Die Hohenzollern, denen Mathias bezüglich ihrer böhmischen Lehen besonders entgegenkam, verhielten sich sehr reserviert. Allein mit den Wittelsbachern gelang ihm ein Bündnis, das bis zu seinem Tode Bestand haben sollte. Durch die böhmische Königswürde war Mathias auch für den Kaiser zu einer Gefahr geworden. Beide hatten sich an das seinerzeit über Böhmen geschlossene Bündnis nicht gehalten – Mathias hatte mit Podiebrad einen Waffenstillstand geschlossen, Friedrich hatte wie immer nicht bezahlt. Da Mathias außerdem noch die Verschwörung des Andreas Baumkircher gegen den Kaiser unterstützte oder zumindest duldete, begann Friedrich sofort Verhandlungen mit Georg Podiebrad. Auf militärische Auseinandersetzungen konnte er sich nicht einlassen, da er hiezu zu schwach war. Der bayerische Diplomat Gregor Heimburg äußerte sich über die Zustände in Österreich recht abfällig, wenn er meinte, „Österreich hinket an beyden beynen".

Durch die Vermittlung des Bischofs von Erlau Johann Bekkensloer kam ein Waffenstillstand zwischen Baumkircher und dem Kaiser zustande, ein Treffen zwischen Friedrich III. und Mathias sollte die Probleme klären. Als Mathias von Friedrich den Verzicht auf den ungarischen Königstitel verlangte, war sein erklärtes Ziel die Revision des Wiener Neustädter Vertrages. Friedrich beharrte auf diesem Vertrag, und es kam zu keiner Einigung. Auch Friedrich III., dem gegenüber Mathias bei einem Treffen in Wien (11. Februar 1470) das Vater-Sohn-Verhältnis besonders betont hatte, wollte auf die Heiratspläne des Corvinen nicht eingehen. Der ungarische König bewarb sich um Kunigunde, Friedrichs Tochter, welche ihm aber ausgeschlagen wurde. Dies bedeutete eigentlich den Bruch zwischen den beiden, Mathias fühlte sich durch diese Zurücksetzung tief verletzt. Weder ein Ball im Regensburger Hof, den die Stadt Wien zu seinen und des Kaisers Ehren im Hause des Bankiers und reichsten Bürgers der Stadt Niklas Teschler gab, noch ein Turnier und eine Schlittenfahrt konnten über die eisige Atmosphäre dieses „Staatsbesuches" hinwegtäuschen. Die Folge war, daß die Kämpfe in Böhmen mit wechselndem Erfolg weitergingen; eine Entscheidung ohne Unterstützung eines dritten für eine der beiden Parteien schien aussichtslos. Podiebrad hoffte auf eine Aussöhnung Friedrichs mit Kasimir, doch diese erfolgte nicht, obwohl beide in der Verteidigung des Legitimitätsprinzips gegenüber dem „uffgeruckten" König Mathias einig sein mußten. In dieser Pattsituation, in der Mathias durch Zeitverstreichen nur verlieren konnte, starb plötzlich am 22. März 1471 Georg Podiebrad. Als homines novi, als Parvenus auf dem Thron, wären sie natürliche Verbündete gewesen, die jedoch die päpstliche Politik zu Gegnern gemacht hatte. „Das Königreich Böhmen war nun, nach dem Tod König Georgens eine reiche Wittbe, welche – wie gewöhnlich – viele Freyer bekam. Der Verliebteste und trotzigste unter denselben war König Matthias in Ungarn, welcher um diese Penelope sich am eyfrigsten annahm." Seine Mitbewerber waren wieder Wladislaw Jagello und Albrecht von Sachsen, der aber kaum Chancen hatte. Auch für Mathias standen die Sterne nicht günstig, weder die Utraquisten noch die unter der hohen Steuerlast stöhnenden katholischen Provinzen wollten ihm ihre Stimme geben.

So entschieden sich die Stände am 17. Mai 1471 in Kuttenberg für Wladislaw Jagello. Mathias gab aber seine Sache noch nicht verloren und setzte sehr auf den päpstlichen Legaten. Dem polnischen König Kasimir unterbreitete er neuerlich einen Vorschlag, der sich den Wiener Neustädter Vertrag zum Vorbild nahm, und zwar insoferne als Mathias den jungen Wladislaw als Sohn annehmen wollte und nach seinem Tode das Königreich Böhmen an Wladislaw zu fallen hätte. Kasimir beantwortete diesen Plan mit einer Einladung für Mathias zur Krönung seines Sohnes nach Prag. Diese Krönung Wladislaws fand am 22. August 1471 in Prag statt. Ein Jahr später schlossen Polen und Ungarn doch einen Waffenstillstand, da beide finanzielle Sorgen hatten. Mathias setzte nun alle diplomatischen Mittel ein, da ihm der neue Papst Sixtus IV. durch die Exkommunikation von Wladislaw und Kasimir wieder Mut gemacht hatte. Der Kaiser hielt sich infolge seiner Schwäche bei diesen Auseinandersetzungen im Hintergrund. Er lehnte Mathias ab, konnte dies aber nicht mit Nachdruck tun. Forderungen des Mathias nach der Wenzelskrone lehnte er ab. Auch die Unterstützung der deutschen Reichsfürsten neigte nun mehr dem Kaiser zu, was Mathias veranlaßte, sich über die matte Türkenhilfe des Reiches zu beschweren. Im August 1473 kam es endlich in Troppau zu einer Tagung der beteiligten Mächte, die 28 Vertreter entsandten. Karl der Kühne von Burgund sollte als Schiedsrichter wirken. Auf ihn hatte Mathias große Hoffnungen gesetzt, da er ein erklärter Gegner Friedrichs war. Auch dieser Versuch blieb ergebnislos; Ungarn und Polen einigten sich nur, die Grenzfehden einzustellen, was für die betroffenen Landstriche sicherlich ein Fortschritt war. Im nächsten Jahr schlossen sie einen Waffenstillstand, und Kasimir bestätigte Mathias als ungarischen König, was die Aufgabe eines alten polnischen Anspruches bedeutete. Friedrich III. wiederum anerkannte Wladislaw als böhmischen Kurfürsten – die habsburgisch-jagellonische Allianz wurde sofort wirksam. Im Oktober 1474 griffen polnische Truppen überraschend in Schlesien an. Sie wurden zwar von Mathias in einer Reihe kleinerer Gefechte geschlagen, aber auf einen längeren Krieg konnte er sich nicht einlassen, denn neben Aufständen in Ungarn drohten wieder die Türken.

Am 8. Dezember 1474 schlossen Mathias und Wladislaw wieder einen Waffenstillstand, Kaiser Friedrich III. mußte diesem Abkommen beitreten. Durch die Flucht des Erzbischofs von Gran Johann Beckensloer 1476 zu Friedrich hatte dieser wieder eine günstigere Position gewonnen, da der Bischof den Domschatz von Gran in seinem Gepäck mitführte, womit Friedrich sich der Adelsopposition entledigen konnte. Für seine Unterstützung bei der Unterdrückung der aufständischen Adeligen wurde Wladislaw am 10. Juni 1477 feierlich mit den Ländern der Wenzelskrone belehnt. Dies veranlaßte Mathias 1477 zu einem Feldzug gegen Friedrich, den er diplomatisch äußerst geschickt vorbereitete. Er trachtete für Friedrich alle Bündnismöglichkeiten zu verhindern. Er selbst schloß zunächst mit Wladislaw Jagello einen Vertrag. 1476 hatte er mit Karl dem Kühnen von Burgund ein Bündnis geschlossen, allerdings fiel dieser in der Schlacht bei Nancy im Jänner 1477. Zu gleicher Zeit kam ein Vertrag des Mathias mit dem Deutschen Orden zustande, der wieder die Polen band. Der treue Verbündete des Kaisers, Albrecht von Brandenburg, wurde durch Kriegszüge, die von schlesischen Gefolgsleuten des Königs durchgeführt wurden, in Schach gehalten und konnte daher Friedrich nicht unterstützen. Auch ins Reich spann Mathias wieder seine Fäden und sandte vor Beginn dieses Feldzuges zahlreiche Briefe, Erklärungen und Feststellungen an die verschiedensten Fürsten des Reiches und an die deutschen Reichsstädte, um zumindest ihre Neutralität herbeizuführen. Daher kam auch von dort her keine Hilfe für den Kaiser.

Bereits 1476 hatte Mathias seine böhmischen Feldhauptleute im Norden Niederösterreichs streifen lassen und die Bevölkerung schwer in Unruhe versetzt. Diese hatten verschiedene Tabors, kleine Festungen in hussitischer Manier, errichtet und sich dort festgesetzt. Die Hauptmacht des ungarischen Heeres versammelte sich im Juni 1477 bei Györ. Von dort zogen ca. 10 000 Mann zu Fuß, 5 000 Mann Husaren und 2 000 Mann schwere Reiterei nach Österreich. Dazu verfügte Mathias noch über eine geringe Anzahl von Artillerie und das übliche technische Personal. In den Feldzügen der späteren Jahre konnte er mit einer fast doppelten Heeresstärke rechnen. Die Ziele dieses Feldzuges waren zunächst begrenzt, an eine Eroberung Wiens scheint Mathias nicht gedacht zu haben. Seine Einheiten nahmen nur kleinere Städte ein, verwüsteten und brandschatzten aber systematisch das Land. Friedrich hatte wohl versucht, seinen böhmischen Verbündeten Wladislaw zur Hilfestellung zu gewinnen. Dieser kam mit 8 000 Mann vor Wien an, zog sich aber vor Beginn der Feindseligkeiten wieder zurück und ließ den Kaiser im Stich.

Der ungarischen Heerschar konnte Friedrich keine Feldarmee entgegenstellen, er versuchte daher, die festeren Orte mit kleineren Truppeneinheiten zu besetzen und auch zu halten. So konnte Mathias ohne Gegenwehr bis Wien vorstoßen und Orte wie Bruck an der Leitha, Trautmannsdorf und Klosterneuburg erobern, Wien, Hainburg und Krems durch einen Belagerungsring einschließen. Da aber zu gleicher Zeit die türkische Gefahr an den ungarischen Grenzen drohte, fand man sich auf beiden Seiten zu Verhandlungen bereit. Anfängliche Forderungen des Mathias gingen bis zu 700 000 Dukaten Kriegsentschädigung, die Friedrich zahlen sollte, später verringerte Mathias seine Forderungen bis auf 100 000 Dukaten, die Friedrich auch vertraglich (Vertrag von Korneuburg vom 1. Dezember 1477) zusicherte zu zahlen, aber letztlich nie aufbrachte. Der Kaiser verstand sich auch dazu, Mathias als böhmischen König anzuerkennen. In einer Geheimklausel wurde festgehalten, daß Friedrich auch die Mailandpolitik des ungarischen Königs unterstützen wollte. Mathias seinerseits wieder sollte die besetzten Gebiete räumen und die Gefangenen freilassen. An diese Vereinbarung hielt sich zwar Mathias, Friedrich aber keineswegs. Er konnte weder das Geld aufbringen, noch wollte er es. Daher war schon bald abzusehen, daß mit diesem Feldzug keine Entscheidung erreicht war; es mußte daher zu weiteren Kämpfen kommen.

Mit dem Vertrag von Korneuburg war auch die Belehnung des Wladislaw durch Friedrich widerrufen. Die beiden Kontrahenten lösten das böhmische Problem salomonisch: Am 21. Juli 1478 erfolgte eine Vereinbarung, daß Wladislaw über Böhmen, Mathias über Mähren, Schlesien und die Lausitz gebieten sollte.

Jahre der Reife

Die Entscheidung vom Mai 1471 in Kuttenberg, als der energielose Wladislaw von den böhmischen Ständen Mathias vorgezogen worden war, bedeutete eine Zäsur in der Herrschaft des Corvinen. Im Lande entstand eine gewisse Unzufriedenheit, die von den intellektuellen Humanisten am intensivsten empfunden wurde. Johann Vitéz reiste im Juli desselben Jahres zum Reichstag nach Regensburg, um durch sein persönliches Erscheinen und seine mahnende Stimme Reichshilfe gegen die drohenden Türken zu erhalten. Diese Initiative des Vitéz war keine vom König autorisierte Demarche im Reich, vielmehr Ausdruck der Unzufriedenheit mit der Politik eines Königs, der, anstatt den Hauptfeind des Landes zu bekämpfen, jahrelang Menschen und Geld vergeudete, um einem Phantom, der Krone Böhmens, nachzujagen.

Die Unzufriedenheit der Humanisten wuchs sich zu einer veritablen Adelsrevolte aus, über deren Verlauf Ludovico Carbo einen aufschlußreichen Bericht hinterließ. Die Magnaten hatten zum Teil ebenfalls Grund, dem König zu grollen, da er ihnen jegliche Unterstützung für das Banderialaufgebot versagt hatte. Die sich empörenden Adeligen wählten den üblichen magyarischen Weg, ihrer Unzufriedenheit Ausdruck zu verleihen – sie boten die Krone des heiligen Stephan einem anderen an. 1471 war es der polnische Prinz Kasimir, ein Bruder des eben zum böhmischen König gewählten Wladislaw, der aber von Jugend an nur nach religiöser Vollkommenheit strebte und daher zum Zorne seines Vaters Kasimir IV. das Angebot der Aufständischen ablehnte. Dieser polnische Prinz, der sein ganzes Leben nur der Frömmigkeit geweiht hatte, starb mit 24 Jahren an der Schwindsucht. Von der Bevölkerung wegen seines heiligmäßigen Lebenswandels verehrt, wurde er 1522 heiliggesprochen und ist seit 1602 der Schutzpatron seines Landes. Dieser nicht sehr ehrgeizige Thronprätendent erleichterte dem Corvinen die unerbittliche Niederschlagung der Revolte.

Johann Vitéz, der Kopf und Anführer der Verschwörer, wurde gefangengesetzt. Johann Beckensloer, Bischof von Erlau, der an der Aufdeckung der Verschwörung wesentlichen Anteil hatte, wurde als neuer Günstling des Königs mit der Verwahrung des Vitéz beauftragt, der jedoch bald darauf in Gran verstarb.

Beckensloer trat sein Erbe an, er wurde Fürstprimas von Ungarn und Kanzler des Reiches. Janus Pannonius, der Neffe des Vitéz und ebenfalls Mitwisser der Revolte, konnte fliehen, starb aber kurz darauf in der Nähe von Agram.

Beim Reichstag des nächsten Jahres schon standen die Magnaten wieder auf seiten des Königs; vor allem das gegen Ungarn von Kasimir IV. in Marsch gesetzte polnische Heer hatte ihre patriotischen Gefühle wach werden lassen. Der König besetzte eine Reihe von Ämtern neu, allerdings duldete er nicht mehr so einen fähigen Mann wie Vitéz neben sich. Sein Mißtrauen stieg, auch gegenüber den italienischen Humanisten, die den Ideen des Vitéz nahestanden. Diese Mißstimmung dauerte bis zu seiner Heirat mit Beatrix von Aragon, der natürlichen Tochter Ferdinands I. von Neapel, die König Mathias am 22. Dezember 1476 ehelichte.

Bei seiner Heiratspolitik war der König nicht sehr erfolgreich gewesen. Wie bereits erwähnt, war er schon mit acht Jahren mit Elisabeth von Cilli verlobt worden, doch seine junge Frau starb, bevor die Ehe vollzogen wurde. Seine Verlobung mit der Garai-Tochter zerschlug sich ebenso schnell wie das Bündnis mit der Familie der Braut. Etwas mehr Bestand hatte seine 1458 in Prag intendierte Vermählung mit Katharina Podiebrad. Die Hochzeit fand 1461 in Ofen statt, doch schon im Februar 1464 starb die schwindsüchtige junge Königin im Kindbett.

In den folgenden Jahren unternahm der König die verschiedensten diplomatischen Anstrengungen, um eine standesgemäße Ehe schließen zu können, die ihm endlich den ersehnten Nachwuchs zur Begründung einer Dynastie gewährt hätte. Doch weder für die polnische Prinzessin Hedwig noch für Kunigunde, Tochter Kaiser Friedrichs III., war eine Ehe mit einem nicht legitimen König denkbar. Sowohl der Habsburger als auch der Jagellone ließen Mathias seine mangelnde Ebenbürtigkeit deutlich fühlen.

1470 lernte der Corvine anläßlich seines Aufenthaltes in Wien die aus Stein an der Donau stammende Barbara Edelpöck kennen, die er danach nach Ofen mitnahm. Dieser Verbindung entsprang 1473 sein einziger Sohn Johannes. Die Mutter seines Sohnes hat König Mathias fürstlich beschenkt, möglicherweise um sie vor seiner Verehelichung mit Beatrix von Aragon abzufinden. Jedenfalls heiratete Barbara Edelpöck noch im Jahr 1476 wahrscheinlich einen bürgerlichen Günstling des Mathias.

Beatrix von Aragon war, als sie den ungarischen König heiratete, 19 Jahre alt, hübsch und sehr gebildet. Sie brachte die Lebensformen eines Fürstenhofes der Renaissance nach Ofen mit. Zahlreiche italienische Künstler und viele bedeutende Humanisten strömten in ihrem Gefolge wieder ins Land. Wenn sie auch nicht besonders klug war, so übte sie doch auf den weit älteren König einen großen Einfluß aus. Ihrem Wirken ist es auch zuzuschreiben, daß sich der Corvine vermehrt in die italienische Politik einschaltete bzw. andere diplomatische Aktivitäten mit italienischen Problemen verknüpfte. Seine Kontakte zum Hofe von Ferrara wurden besonders eng, da Beatrix' Schwester Eleonora mit dem Herzog Herkules von Ferrara-Este verehelicht war. Diese Parteinahmen in Italien beeinflußten auch seine Position in Rom. Seinerzeit als einer der treuesten Söhne des Vatikans und als defensor fidei (Verteidiger des Glaubens) immer wieder von den Päpsten nachhaltig unterstützt, verlor er zusehends das Vertrauen der päpstlichen Diplomatie.

Zu Ende der siebziger und in den achtziger Jahren flocht Mathias das Netz seiner außenpolitischen Beziehungen immer dichter und eifriger, einerseits um das Erworbene zu bewahren, anderseits um seine Auseinandersetzung mit dem Kaiser möglichst sorgfältig abzusichern. Zweifellos jagte er dabei manchem Phantom nach, wenn er versuchte, den türkischen Druck durch Kontakte mit den Feinden der Osmanen an ihrer Ostgrenze, den Persern, zu neutralisieren. Diese an sich logisch richtige Politik mußte an der Unmöglichkeit der Realisierung, allein durch die Distanz, scheitern. Ähnlichen Versuchen der

Habsburger im 17. Jahrhundert, um türkische Heere in einen Ostfeldzug zu verwickeln, war ebenfalls kein Erfolg beschieden.

Als der Bruder Sultan Bajezids II. des Heiligen, Djem, der sich mehrfach gegen den Sultan erhoben hatte, nach Frankreich geflohen war, trachtete Mathias ihn in seine Gewalt zu bekommen, in der irrigen Ansicht, dem osmanischen Herrscher gegenüber ein Faustpfand zu haben. Er schaltete sogar den Papst in diesen Menschenhandel ein, doch vergeblich. Fürst Djem wurde fünf Jahre nach dem Tode des ungarischen Königs nicht ohne Zutun des übel beleumdeten Papstes Alexander VI. durch Mittelsmänner seines Bruders in Neapel vergiftet. Eine Tragödie am Rande der großen Politik.

Schließlich sei noch auf eine nicht sehr weit reichende, aber zweifellos interessante diplomatische Initiative des Corvinen eingegangen: auf den Aufbau eines Bündnisses mit den Eidgenossen. Der Ritterschlag des eidgenössischen Abgesandten Melchior Russ in Wien am 24. Juni 1488, farbenprächtig in der Luzerner Chronik des Diebold Schilling dargestellt, ist im Farbbildteil zu finden. Dieser schweizerisch-ungarische Kontakt ist ein Beweis für die politische Phantasie des Königs, die sehr realistische Hintergedanken hegte.

Nach dem Tode Karls des Kühnen von Burgund, der 1477 in der Schlacht bei Nancy gefallen war, suchte Mathias mit den Eidgenossen ins Gespräch zu kommen. 1479 wurde ein Bundesbrief gefertigt, der einen Freundschafts- und Neutralitätsvertrag beinhaltete. Eine Neutralität der Eidgenossen bedeutete für Mathias, daß sein großer Gegner, Kaiser Friedrich III., nicht mit der Unterstützung der hervorragenden Schweizer Söldner rechnen konnte.

Zehn Jahre später kam der Luzerner Melchior Russ nach Wien, um neuerlich über Soldverträge zu verhandeln. In seiner Begleitung befand sich Hans Schilling, der Vater des Luzerner Chronisten. Russ, der wahrscheinlich Ungarn schon bereist hatte, wurde vom König in Wien besonders liebenswürdig empfangen und mit Ehrungen – wie jener Ritterschlag im Dome zu St. Stephan – überhäuft. Ein Bündnis wurde jedoch nicht ratifiziert. Russ, der erst nach dem Tode des Königs, total verschuldet, nach Luzern zurückkehrte, erntete nur den Spott seiner Mitbürger.

Nach der Eroberung Wiens 1485, auf die im nächsten Kapitel noch ausführlich eingegangen wird, hielt sich Mathias oft und gerne in dieser Stadt auf.

Noch einmal unternahm er geradezu eine Flut kultureller Vorstöße, jedoch fast nichts, um die Frage seiner Nachfolge in Ungarn zu klären. Sein Sohn Johannes war ein liebenswürdiger, sympathischer, sehr wohlerzogener und gebildeter junger Mann, jedoch völlig ohne Energie. Den kaum zehn Jahre alt Gewordenen überhäufte der Vater mit Geschenken, und der junge Prinz gehörte bald zu den Reichsten des Landes.

Doch in seiner Stiefmutter Beatrix war ihm eine Gegnerin erwachsen, die – möglicherweise weil sie selbst keine Kinder gebären konnte – seine Wahl zum Nachfolger seines Vaters zu dessen Lebzeiten verhinderte. Ein gewisser Ehrgeiz der jungen Königin, selbst einmal die Herrschaft zu übernehmen, mag auch eine Rolle gespielt haben.

1488 heiratete Johannes Corvinus in Wien per procurationem (in Stellvertretung) die Tochter des Herzogs von Mailand, Bianca Maria Sforza. Doch diese Ehe wurde nie vollzogen, und Bianca Maria heiratete später Maximilian I. Nach dem Tode seines Vaters vermählte sich Johannes Corvinus mit Beatrix Frangepán, der Tochter des königlichen Heerführers Bernat Frangepán.

In Wien änderte der ungarische König nichts Entscheidendes in der Verwaltung der Stadt, die Wiener Bürger blieben im Besitze ihrer Ämter, nur straffer und präziser wurden die Amtsgeschäfte geführt als unter dem Regime des Habsburgers. Mathias förderte, wie dies seinem humanistischen Denken entsprach, die Wiener Universität bei jeder nur möglichen Gelegenheit. Das dürfte seine Ursache auch darin haben, daß die Universität von Preßburg, die Academia Istnopolitana, nach dem Tode des Vitéz nicht mehr funktionierte. Über die Freigebigkeit des Königs für die Universität berichtete der Wiener Arzt Professor Johann Tichtel:

„Item infra octauas mathie apostoli Mathias rex vngarie dedit pro stipendiatibus lectoribus vniuersitatis Viennensis mille libras d. Ex quibus ego ioannes tichtel habui et recepi quadraginta libras d." (Gleichfalls während der Octav nach dem Mathiasfest stellte Mathias, König von Ungarn, für die besoldeten Lehrer der Wiener Universität 1 000 Librae Denariorum zur

Verfügung. Davon habe ich, Johann Tichtel, 40 Librae Denariorum erhalten und empfangen.)

Von einem weiteren Geldgeschenk sprach Tichtel ein Jahr später und fügte folgenden lobpreisenden Satz an: „Benedictus sit noster rex, cuius gloria hic in terris et in celis semper magnificetur." (Gelobt sei unser König, dessen Ruhm hier auf Erden und im Jenseits immer gepriesen sein soll.)

Die Auseinandersetzung um Österreich

Wenn sich Kaiser Friedrich III. im Vertrag von Korneuburg auch verpflichtet hatte, die enorme Summe von 100 000 Gulden aufzubringen, so konnte er doch nie hoffen, diese Bedingung erfüllen zu können.

Aber nicht nur die fehlende Zahlungsmoral des Kaisers drängte zu einer abermaligen militärischen Konfrontation, sondern die gesamte außenpolitische Lage der beiden Herrscher bedingte einen Entscheidungskampf.

Über das Verhältnis von Friedrich und Mathias schrieb der Historiker Anton Geusau im Jahre 1805: „Durch dreyßig Jahre bekriegten sich der Kaiser Friedrich III. (IV.) und König Mathias von Hungarn. Des Ersten Abneigung gegen den Zweyten fieng am 24. Jäner 1458 als dem Tage an, an welchem Mathias zum König von Hungarn ausgerufen worden, des Zweyten gegen den Ersten aber am 17. Hornung 1459, da auch Friedrich zum König von Hungarn gewählt ward."

1480 marschierte daher Mathias wieder gegen Steiermark und Kärnten, um, wie er behauptete, selbst das ihm geschuldete Geld einzutreiben. Bis Salzburg ließ er seine Truppen streifen, was aber dem Salzburger Domkapitel gar nicht ungelegen kam, da der Bischof von Salzburg ein Parteigänger des Mathias war und mit Friedrich im Streite lag. Bernhard von Rohr mußte nämlich um sein Erzbistum bangen, mit dem Friedrich den aus der Gewalt des Mathias geflohenen Johann von Beckensloer, Bischof von Gran, belohnen wollte. Die Lage war nun so, daß Friedrich und Mathias einander Städte abjagten und sie völlig verheerten.

Als Truppen Friedrichs die Salzburger Gebiete heimsuchten, änderte sich dort unter dem Eindruck der das wirtschaftliche Leben schwer beeinträchtigenden Verheerungen die Stimmung zugunsten des Kaisers, der den Salzburger Kaufleuten noch weitere Vergünstigungen versprach. Der Bischof einigte sich mit dem Kaiser, daß Johann Beckensloer, der von 1480 bis 1482 Administrator des Wiener Bistums war, in Salzburg als Koadjutor mit Nachfolgerecht eingesetzt würde. Gleichzeitig verzichtete Beckensloer, um die päpstliche Einwilligung zu erlangen, auf Gran. Als Bernhard von Rohr 1487 starb, wurde Beckensloer Erzbischof.

Mathias hatte seine militärische Offensive gegen Friedrich durch geschickte außenpolitische Initiativen als begleitende Maßnahmen vorbereitet. So schloß er 1479 ein Bündnis mit den Eidgenossen, die traditionell dem Hause Habsburg reserviert gegenüberstanden. An Papst Sixtus IV., an die Stadtstaaten Italiens und an die deutschen Reichsstädte richtete er Denkschriften, daß Friedrich den Frieden gebrochen habe und so den Türken in die Hände gearbeitet hätte.

Der niederösterreichische Adelige Hans von Hohenberg übergab Mathias Schlösser im Traisental, der Bischof von Passau, für den Mathias Partei ergriffen hatte, verpfändete dem ungarischen König St. Pölten und Mautern. Dem konnte der Kaiser kaum etwas entgegenstellen; auch wenn er die Orte Hainburg, Krems und Stein befestigte und mit Söldnern besetzen ließ und außerdem durch Handelskrieg des ungarischen Gegners Herr zu werden suchte, so waren diese Mittel doch gegen den mächtigeren ungarischen Herrscher zu gering. Friedrich III. war kein unternehmender und tatkräftiger Feldherr, sondern ein zaudernder, unentschlossener Mensch, was ihm aber im Lauf der Zeit manchen Erfolg einbrachte. Der Kaiser und der König korrespondierten, man schloß sogar im Mai 1481 einen Waffenstillstand, doch im März 1482 fühlte sich Mathias wieder stark genug für einen neuerlichen Feldzug gegen Österreich. Er erklärte dem Kaiser formell den Krieg, und als Grund gab er den allgemeinen Verhandlungsunwillen und die mangelnde Zusammenarbeit des Kaisers an. Wörtlich „... et cooperari nullum modo voluit." Mathias war aber nicht nur an der österreichischen Front in Auseinandersetzungen verwickelt, auch in Italien wollte er Krieg führen und in der Schweiz hiefür sogar 10 000 Mann Söldner und 6 000 Mann Reiterei werben. Jedenfalls sandte er im Frühjar 1482 10 000 Mann gegen den Kaiser. Sie standen unter dem Kommando der schon früher bewährten Heerführer Zelenyi, Cernahora, Wilhelm von Tettauer, Andreas Weisbriach, István Zápolya und István Dávidházy. Auch die Adeligen Peter Zrinyi, Laszlo Károlyi, László Kanizsai und Bernat Frangepán hatten sich Mathias mit kleineren Kontingenten angeschlossen. Friedrich III. hatte wieder einmal leere Kassen, die meisten Städte weigerten sich, die Kriegssteuern aufzubringen. Immerhin gelang es ihm doch, 5 000 Mann auf die Beine zu bringen. Mathias' Kriegsziel war diesmal, nicht nur die österreichischen Lande in Angst und Schrecken zu versetzen, sondern sie dem Kaiser zu entreißen, ja ihm sogar die kaiserliche Würde streitig zu machen. Sein erklärtes Hauptziel war Wien, das Land rundherum ließ er verwüsten, die größeren Städte belagern. Für einen erfolgreichen Handstreich gegen Wien war die Gewinnung des Umlandes natürlich Voraussetzung. Friedrich konnte dem nichts Gleichwertiges entgegensetzen, er konnte nur auf die Stärke der Mauern der einzelnen Festungen und Burgen bauen, an die weitere Anwerbung von Söldnern war nicht zu denken. Dieser Feldzug begann mit der Belagerung der Burg Merkenstein in Baden, die sich im Besitze des Mathias befand. Der kaiserliche Feldhauptmann Sittich von Zedtwitz mußte nach vierwöchiger Belagerung unverrichteter Dinge wieder abziehen. Inzwischen war die ungarische Hauptmacht unter István Zápolya und Wilhelm Tettauer von Preßburg Richtung Wien gezogen. Zunächst sollten Bruck an der Leitha und Hainburg erobert werden, während 4 000 Mann unter Zelenyi brandschatzend durch Niederösterreich streiften. Zelenyi, der sehr fähige Feldherr des ungarischen Königs, blieb nach diesem Feldzug verschollen. Gegen die Truppen, die Hainburg belagerten, wurden vom Kaiser 3 000 Infanteristen und 1 000 Reiter unter der Führung des Sittich von Zedtwitz und des Reinprecht von Reichenburg geschickt, die den leichtsinnig agierenden Zápolya bei Bruck besiegten und sogar Tettauer und Zápolya gefangennahmen. Letzterem gelang aber bald die Flucht; er kehrte zu König Mathias zurück. Tettauer wurde gegen Lösegeld freigekauft.

Am 28. Juni 1482 zog Mathias nun selbst gegen Hainburg und belagerte die Stadt mit schweren Geschützen. Eines dieser Geschütze soll sogar 80 Pferde für seinen Transport benötigt haben. Eine vom Kaiser eilig in Marsch gesetzte Entsatzarmee wagte gar nicht, den König anzugreifen, und mußte noch auf dem Rückzug schwere Verluste hinnehmen. Hainburg blieb ganz auf sich allein gestellt. Als die Lebensmittel knapp wurden, übergab der Festungskommandant Wolfgang Fuchs die Stadt dem König am 30. September 1482 gegen die Bezahlung von 3 000 Gulden. Angeblich hätten die Soldaten und Bürger der Zitadelle noch länger Widerstand leisten wollen. Auch wenn es Mathias nun noch gelang, St. Veit an der Triesting und Enzersdorf an der Fischa zu nehmen, so machte doch die fortgeschrittene Jahreszeit einen weiteren Feldzug unmöglich. Wien war eine doch nicht so leicht zu nehmende Stadt. Der Corvine nutzte aber noch den milden Spätherbst und machte sich an die Belagerung von Güns. Gegen 1 000 Dukaten, die er dem Burgkapitän Rattaler zahlte, übergab dieser die Stadt. Hierauf zog sich Mathias nach Ödenburg zurück und ließ seine Söldner im Winterlager wieder frische Kräfte sammeln. Die Zeit des Winters nutzte man mit politischen Aktivitäten, aber weder der Papst noch Venedig konnten die beiden streitenden Parteien, die schon so viele Opfer in diesem Krieg gebracht hatten, von ihren Feindseligkeiten abbringen. Jeder stellte unerfüllbare Bedingungen, die der andere unter keinen Umständen akzeptieren konnte. Mathias verlangte 10 000 Soldaten von Friedrich III. für den Kampf gegen die Türken. Während dieser Verhandlungen überfielen immer wieder kleinere Truppenteile Landstriche des Gegners.

Für beide Teile wuchsen inzwischen die Kriegskosten ins Immense, die zum größten Teil von den Bauern und von den Städten aufgebracht werden mußten, wobei die Lage der Städte in Österreich schlimmer war als in Ungarn, denn Friedrich selbst besaß ja nie Geld.

So gingen Wien und das umliegende Land Niederösterreich ziemlich ungerüstet und unverteidigt in den Feldzug des nächsten Jahres. Schon am 9. April konnte Cernahora die Stadt Klosterneuburg erobern, wodurch Friedrich gezwungen war, Wien zu verlassen. Er zog sich zunächst nach Wiener Neustadt zurück, dann nach Graz. Als dann auch in der Steiermark die ungarischen Truppen drohten, ging er Ende 1484 nach Linz, das ihm damals am sichersten erschien. Dort blieb er auch bis zu seinem Tode. 1484 sandte Mathias wieder verstärkte Truppen gegen Friedrich. Sein Feldherr Dávidházy belagerte Bruck an der Leitha, Cernahora nahm weitere niederösterreichische Ortschaften ein, Peter Geréb verwüstete den Süden der Erblande, die Steiermark und Kärnten. Im März fiel die Stadt Bruck, im April 1484 begann man mit der Belagerung der Stadt Korneuburg. Am 11. Mai versuchten kaiserliche Truppen einen Entlastungsvorstoß und stießen bei Leitzersdorf mit den Truppen von Cernahora zusammen. Anfangs waren die Kaiserlichen unter Hans von Wulfersdorfer, Heinrich Prüschenk und Kaspar Roggendorfer erfolgreich und schlugen die Ungarn weit zurück. Doch als die kaiserlichen Söldner beim Anblick des ungarischen Lagers über dem Plündern das Kämpfen vergaßen, wurden sie von dem gewiegten Taktiker Cernahora empfindlich geschlagen und zurückgejagt. Mit dieser Niederlage war aber das Schicksal Korneuburgs besiegelt. Nach langem Widerstand ergab sich die Stadt schließlich am 3. Dezember 1484. Das Kriegsglück stand also eindeutig auf seiten der Ungarn. Nur noch Wiener Neustadt und Wien blieben dem Kaiser treu. Alle übrigen Städte versuchten mit dem König ein Arrangement zu finden, zumal er als ein besonderer Förderer der Städte galt. Den unterworfenen Städten verlieh Mathias meist neue Privilegien und sicherte ihnen weitere Entwicklungsmöglichkeiten des Handels zu. Als erste Stadt schloß Korneuburg einen Vertrag mit dem König, St. Pölten, Baden und andere Städte Niederösterreichs folgten. Die Situation des Kaisers wurde immer unhaltbarer. Sein Sohn Maximilian war zwar in den Niederlanden erfolgreich gewesen, doch am Reichstag vom 20. Jänner 1485 gelang es auch ihm nicht, Soldaten und Geld für den Krieg gegen den ungarischen König bewilligt zu erhalten. Mathias hatte nun große Teile Niederösterreichs, Kärntens und der Steiermark in seinen Besitz genommen, lediglich Wien fehlte noch.

Die Lage wurde für die Stadt Wien immer unerträglicher. Seit 1481 war in Wien immer wieder die Pest aufgeflackert, die Wirtschaft der Stadt hatte unter den Bedrohungen des Königs schwer gelitten, aber Friedrich zeigte sich nicht geneigt, für die einmal gegen ihn aufständischen Wiener etwas zu unternehmen. Das Leben in der Stadt war zwischen 1481 und 1485 von einer deprimierenden Trostlosigkeit. Auf der Universität waren aus Angst vor der Pest die Vorlesungen zum Erliegen gekommen. Die Versorgung der Stadt war durch die ringsherum lagernden Truppen überaus schwierig, da die Zufahrtswege immer wieder durch die Truppen des Mathias blockiert wurden bzw. alle zugeführten Lebensmittel von diesen Truppen erobert wurden. Die Preise in Wien hatten exorbitante Höhen erreicht.

Die Wiener Bevölkerung sah sich gezwungen, durch räuberische Ausfälle aus der Stadt den dringendsten Nahrungsbedarf zu decken. Der Arzt und Professor der Wiener Universität Johann Tichtel beschrieb diese ausweglose Situation: „Wir sind in Wien, von der Zeit an, als Hainburg in die Hände des Königs fiel, nicht nur von außen von dem feindlichen Heere ganz umrungen, sondern auch im innern reiben uns Hunger und Krankheiten gänzlich auf. Nirgends wird uns erlaubt, Lebensmittel zuzuführen. Unsere Stadt gleicht einem Raubneste, aus dem wir in die benachbarten Gegenden, um Lebensmittel mit Gewalt zu erhaschen, bewaffnet ausfallen müssen. Vom 13. July an bis auf den 20. wurden täglich die nöthigen Lebensmittel mit bewaffneter Hand aus der Nachbarschaft hergehohlt."

Als Mathias die Stadt Korneuburg belagerte, konnten die Wiener den Lärm der abgefeuerten Geschütze hören. Wenn auch das Land ob der Enns und die Einwohner der Städte Krems und Stein an der Donau Lebensmittel und Hilfe sandten, so reichte dies doch nicht aus. Das Land um Wien wurde durch die umherstreifenden Truppen schwer verwüstet. Die ungarischen Einheiten lagerten von Klosterneuburg über den Kahlenberg und Grinzing bis Ottakring, wobei sie den Maroldingerhof, den heutigen Schottenhof, in Brand steckten. Nach der Eroberung Korneuburgs begannen die ungarischen Truppen vor Wien Belagerungsschanzen zu errichten. Die Wiener Bevölkerung mußte dem tatenlos zusehen und konnte dagegen nichts unternehmen. Es kam zwar Ende 1484 eine kleine militärische Einheit von kaum 600 Mann zur Verteidigung der Stadt zu Hilfe, allein für eine länger dauernde Belagerung war dies zuwenig.

Bereits am 29. Jänner 1485 stand Mathias mit seinen Truppen vor Wien. Wien, das damals 25 000 Einwohner zählte, gehörte zu den am besten befestigten Städten Mitteleuropas. Schon im 12. Jahrhundert war man darangegangen, Wien als Festungsstadt mit einer Ringmauer und Türmen zu sichern. Nachdem Leopold V. nach der Freilassung von Richard Löwenherz einen großen Anteil des Lösegeldes erhalten hatte, wurde dieses in eine großzügige Festungsanlage Wiens investiert. Wien besaß damals eine Festungsmauer, die einen Umfang von ca. 4 Kilometer aufwies und die durch 19 in diese Mauer integrierte Türme zusätzlich verstärkt wurde. Um die Mitte des 13. Jahrhunderts war dieses Festungsbauwerk fertiggestellt, nur der Biberturm wurde erst in der Zeit des Přemysl Ottokar vollendet. Der Großteil der Türme stand an der Donaufront, die anderen an den wichtigen Einfallsstraßen der Stadt aus den verschiedenen Himmelsrichtungen. Die das Stadtgebiet umwallende Mauer war ca. 6 Meter hoch und 1 bis 2 Meter breit, wobei die Türme immer vorspringend angelegt waren. Bevor im Stadtgebiet Zeughäuser errichtet wurden, dienten diese Türme oft als Waffenkammern. Über den Toren, die sich in diesen Türmen befanden, bestanden meistens Zwinger. Das waren zinnenbekrönte Vorbauten, von denen aus durch vorgebaute Holzgalerien, die mit Dächern abgedeckt waren, der Feind beschossen werden konnte. Außerdem wiesen diese Türme Scharten und Gußlöcher für heißes Pech auf.

Außerhalb der Ringmauern befand sich der Stadtgraben, der eine beträchtliche Breite aufwies. In Friedenszeiten wurde dieser Stadtgraben in verschiedenster Weise verwendet, teilweise stand er unter Wasser und wurde für Fischzucht genützt, in anderen Bereichen wurde das dort reichlich wachsende Gras geschnitten, zur Zeit des Ladislaus Postumus wurde dort sogar ein Tierpark angelegt, der von der Stadt Wien bezahlt wurde. Das Verteidigungssystem Wiens beruhte auf einem Alarmplan, der sich nach den vier damals bestehenden Stadtvierteln richtete, dem Widmer-, dem Kärntner-, dem Schotten- und dem Stubenviertel. Diese Stadtvierteleinteilung geht auf die erste Hälfte des 14. Jahrhunderts zurück, und aus dem Jahre 1442 besitzen wir einen Ratsbeschluß, aus dem hervorgeht, wie man sich im Alarmfalle zu verhalten habe: „Item das yeds tor besunder seinen haubtmann haben sol vnd yeds tor ain gelögkl, vnd yede gassen irn haubtmann vnd yeds virtail seinen haubtmann. Item ob icht ain geschray in der stat würd oder sich erhub . . . , wan man die gross glogken leütt, das dann menigelich komen sol, die in Stubenvirtail siczent an dem platz am Lugegk, die in Kernervirtail siczent an den Newenmarkht, die in Widmervirtail siczent an den Graben vnd die in Schottnervirtail siczent an dem Judenplatz, vnd was dann die obristen hauptleut yeds virtails mit in schaffen, das sy des gehorsam seyen.“

Ab 1444 wurden auch die Vorstädte in diesen Verteidigungsplan miteinbezogen. In den Vorstädten siedelten damals hauptsächlich Gärtner und alle jene Gewerbe, die vom Wasser abhängig waren, wie die Müller, die Gerber, die Fischer. Außerdem lagen außerhalb der Stadt eine Reihe von Klöstern, wie das Theobaldskloster und das Niklaskloster, sowie Spitäler, wie das Heilig-Geist-Spital und das Bürgerspital. Besonders wichtig aber für die Versorgung und auch für die materiellen Grundlagen der Stadt waren die in den Vorstädten liegenden Wein- und Obstgärten. Es war daher das Hauptinteresse, diese Vorstädte gegen streifende Scharen von Feinden zu schützen. Durch die Überfälle hussitischer Söldnerscharen und der „Böhmischen Brüder" hatte man schon den Wert von Verteidigungsanlagen schätzen gelernt, und so begann man nach 1450 die Vorstädte durch feste Zäune zu schützen. Diese Zäune bestanden in der Regel aus in den Boden gerammten Baumstämmen, die durch ein dichtes Flechtwerk von Ästen und zum Teil Dornengestrüpp miteinander verbunden waren. Teilweise war sogar, um dieses Flechtwerk vor Umweltschäden zu schützen, eine Überdachung hergestellt worden. Im Ernstfall begann man auch vor den Vorstädten Palisadenreihen mit dahinter aufgeworfenen Erdböschungen zu errichten. Die Ortschaften der Umgebung waren verpflichtet, Holz für diese Befestigungsanlagen zur Verfügung zu stellen bzw. Fuhrdienste und Handdienste ohne Entlohnung, also als Robot für die Stadt zu leisten, in die sie sich aber im Bedrohungsfalle auch zurückziehen konnten. Um die Donaubrücken zu schützen, hatte man, nach hussitischem Vorbild, Tabors aufgeworfen. Dieser die Stadt schützende Zaun verlief also vom Donauufer entlang der Brücken, entlang des Wienflusses, die Ausfallsstraßen zum Teil miteinbeziehend, in einem Bogen wieder zur Donau. Außerdem waren an den Ausfallsstraßen noch steinerne Türme errichtet worden, wie der Neue Turm, auch Laslasturm genannt, beim Heilig-Geist-Spital außerhalb des Kärntnertores jenseits des Wienflusses. Diese Türme sollten als Widerstandsnester fungieren und die Aufstellung von Belagerungsartillerie verhindern oder erschweren. Wichtig ist, daß die Stadt damals ohne schwere Artillerie nicht einzunehmen war.

Die Befestigungen der Stadt und der Burg waren also durchaus ausreichend, aber die Versorgung der Bevölkerung mit Lebensmitteln war schlecht. Im April gab es kaum noch Getreide in der Stadt, und die Pferde waren schon längst geschlachtet. Johann Tichtel, Professor der Wiener Medizinischen Fakultät, schildert uns die sich fast von Tag zu Tag verschlechternde Lebensmittelsituation. Auf diesem Mangel aber baute Mathias seine Zermürbungsstrategie auf. Wien sollte ausgehungert, aber nicht zerstört werden, denn schließlich wollte der König in dieser Stadt herrschen. Die Ungarn hatten durch den Bau von Schanzen und Belagerungstürmen bei den Stadttürmen Wien im März völlig von der Außenwelt abgeschlossen. Die Stadt wurde zwar durch Hans von Wulfersdorfer zäh verteidigt, doch bald formierte sich immer deutlicher eine Gruppe Unzufriedener, die den aussichtslosen Kampf aufgeben wollten. Diese wurden natürlich von außen durch Mathias lebhaft gefördert, vor allem der reiche Niklas Teschler war ein Parteigänger des Königs.

Noch im Februar war Bürgermeister Een mit 500 Reitern zum Kaiser nach Linz geeilt, um Hilfe zu holen. Als er aber im März zurückkehrte, brachte er nichts außer Durchhalteparolen. Es gelang wohl noch kleinen Transporten, sich durch den Belagerungsring nach Wien durchzuschlagen und Lebensmittel für die belagerte Stadt zu bringen. Inzwischen eroberten die Truppen des Mathias weitere Orte rund um Wien, so Ebersdorf, wobei der König beinahe durch ein Geschoß getötet worden wäre. Der Verdacht des Verrats fiel auf den Sekretär des Mathias, Jaroslav Cernahora, einen Bruder des Tobias Cernahora. Jaroslav wurde hingerichtet; Tobias Cernahora verließ den Dienst des Königs und ging zum Kaiser über, womit Mathias einen seiner fähigsten Feldherren verlor. Im Mai setzte Mathias zum Sturm auf die Stadt an. Diesen Sturm konnten die Wiener noch zurückschlagen, aber es war abzusehen, daß die Stadt sich nicht mehr lange würde halten können. In dieser verzweifelten Notsituation entschlossen sich die Wiener zu kapitulieren. Obwohl die kaiserlichen Hauptleute Tiburtius von Zinzendorf, Caspar von Lamberg, Andreas Gall, Bartholomeo von Starhemberg, Ladislaus Prager und Alexander Schiffer protestierten, entschloß sich die Wiener Bürgerschaft, ihr Vorhaben den Prälaten und Universitätsprofessoren vorzutragen.

Sie meinten, daß die Universitätsprofessoren als Fürsprecher für die Wiener beim König, der als Freund der Wissenschaften bekannt war, fungieren sollten. Dort war man geteilter Meinung. Zunächst entschied man sich für Verhandlungen, dann wollten die Bürger aber nichts mehr davon wissen. Daran zeigten sich deutlich die Spannungen und Differenzen, die bereits in der Stadt bestanden.

Dies machte aber die Sache für Mathias um so leichter. Die Wiener Bürger entsandten nun doch am 21. Mai Abgesandte zum König, und dieser zeigte sich ihnen äußerst wohlwollend und durchaus zur Einstellung der Feindseligkeiten bereit. Die Wiener Bürger ersuchten den König um die Bestätigung ihrer bestehenden Freiheiten. Diesen Forderungen stimmte Mathias zu und erklärte, sollte nicht bis zum 1. Juni ein erfolgreicher Entsatz durch Friedrich III. erfolgen, würde er am 1. Juni in die Stadt einziehen. Der kaiserlichen Besatzung wollte er freien Abzug gewähren. Die Bürger teilten dieses Verhandlungsergebnis dem Kaiser nach Linz mit, in der Hoffnung, doch noch einen Entsatz beim Kaiser zu erreichen. Allein dieser ließ keinen Zweifel daran, daß er nicht daran dächte, etwas für Wien zu unternehmen. So verließen die kaiserlichen Beamten die Burg, die Bürger setzten diese für Mathias instand. Noch vor dem vereinbarten Übergabetermin betrat Johannes Corvinus die Stadt, kehrte aber am gleichen Tage wieder in das Lager seines Vaters zurück. Am 1. Juni 1485 rückten 8 000 Mann Reiter und Fußvolk in Wien ein. König Mathias zog mit großem Prunk in Begleitung höchster Adeliger in die Stadt, ohne auf ausreichende Lebensmitteltransporte für die Wiener zu vergessen. Bereits am nächsten Tag fand in Wien eine feierliche Fronleichnamsprozession statt, die wie in Friedenszeiten ablief. Wenige Tage später hielt Königin Beatrix Einzug in die Stadt. Die Vertreter der Universität und der Stadt begrüßten den einziehenden König und die Königin mit feierlicher Rede und leisteten dem neuen Herrscher ihren Treueeid.

Friedrich begab sich inzwischen von Linz nach Tirol zu seinem Vetter Herzog Siegmund und suchte Mittel und Wege, um Mathias aus Wien zu vertreiben.

Nach der Einnahme Wiens gingen die Kämpfe zwischen Friedrich und Mathias weiter, zumeist endeten sie mit Siegen der ungarischen Truppenteile. Mathias selbst richtete sich in Wien auf eine längere Herrschaft ein. Durch Bestätigung aller Privilegien wollte er die Wiener für sich gewinnen, seine freigebige und den Wissenschaften gewogene Haltung brachte ihm viele Sympathien. Der Kaiser erreichte zwar auf dem Reichstag in Nürnberg im Frühjahr 1486 endlich die Aufstellung eines 34 000 Mann starken Heeres gegen Mathias, doch dessen Kommandant Albrecht Achilles von Brandenburg starb schon wenige Wochen danach. Sein Sohn und Nachfolger Albrecht von Brandenburg zeigte, sicher unter dem Einfluß der Diplomatie des Königs Mathias, keine große Begeisterung, gegen den Corvinen zu Felde zu ziehen. So zog er 1487, ohne auch nur die kleinste Schlacht geschlagen zu haben, wieder aus den Erblanden ab. Inzwischen fielen Stein, Feldsberg, Laa, Retz und Eggenburg in die Hände der Ungarn. Im nördlichen Niederösterreich blieben nur Zwettl und Waidhofen noch dem Kaiser ergeben. Wiener Neustadt hatte sich seit mehr als einem Jahr gegen Mathias halten können. Es wurde von Wulfersdorfer, der sich schon bei der Belagerung Wiens ausgezeichnet hatte, gehalten. Die tüchtigsten ungarischen Heerführer, wie Paul Kinizsi, Jakob Székely und István Zápolya, berannten die Stadt, allerdings wie es scheint, nicht mit besonderem Nachdruck. Durch ihre Disziplinlosigkeit war es Reinprecht von Reichenburg in einem tollkühnen Streich möglich, den Belagerungsring um die Stadt mit 1 800 Reitern und 200 Fußknechten zu durchbrechen und einen Lebensmitteltransport für die Stadt durchzuschleusen. Dadurch konnte die Verteidigung wieder für eine geraume Weile sichergestellt werden. Doch als der König selbst vor Wiener Neustadt eintraf, wurde die Belagerung härter. Aber auch Mathias mußte feststellen, daß die Stadt nicht sturmreif zu schießen war, sondern nur ausgehungert werden konnte. Nach einer kurzen Unterbrechung durch eine Reise nach Ungarn, um Geld aufzutreiben, kehrte Mathias wieder vor Wiener Neustadt zurück. Infolge akuten Lebensmittelmangels konnte Wulfersdorfer die Stadt nicht mehr länger halten und willigte schließlich am 14. August 1487 in die Kapitulation ein, und zwar gegen freien Abzug der Verteidiger.

In der Folge nahmen die ungarischen Einheiten noch Schottwien, Mürzzuschlag und Kindberg ein, ja sie bedrohten sogar Graz. Nur nach und nach erloschen die Kämpfe. Für Mathias aber wurde eine diplomatische Absicherung seiner Erfolge zusehends schwieriger. Da Maximilian nun im deutschen Reich seinem Vater tatkräftig zu Hilfe kam, wurde der Kreis der Freunde des Königs kleiner. Der Papst neigte nun mehr dem Kaiser zu, auch der schlechte Gesundheitszustand des Königs verschlimmerte seine allgemeine Lage. Zwei Probleme bereiteten ihm größte Sorgen: Zum einen drohte ein neuerliches Vorgehen der Türken, zum anderen die völlig ungelöste Nachfolgefrage in Ungarn. Sein Sohn Johannes Corvinus war als „natürlicher Sohn" gänzlich vom Wohlwollen der Magnaten abhängig. Er verfügte auch nicht über die Energie und die Zielstrebigkeit seines Vaters; außerdem favorisierte Königin Beatrix aus Eifersucht auf die Mutter des Johannes den böhmischen König Wladislaw Jagello. Ein wichtiger Bundesgenosse wäre in diesem Fall Maximilian gewesen. Daher leitete Mathias mit ihm Verhandlungen in die Wege. Auch war dieser seinen Vorschlägen nicht unbedingt abgeneigt, während Friedrich III. unter keinen Umständen mit dem ungarischen König zu einem Bündnis gelangen wollte. Mathias setzte als erste Verhandlungsgrundlage die Zahlung von 500 000 Gulden fest, für die er das gesamte eroberte Gebiet räumen wollte. Davon konnte Maximilian höchstens 100 000 Gulden aufbringen. Doch war dies erst eine erste Verhandlungsrunde, und man hatte keineswegs noch alle Möglichkeiten der Verhandlungen ausgeschöpft, als Mathias plötzlich am 6. April 1490 starb.

Über die Umstände seines Todes entstanden in den folgenden Jahrzehnten und Jahrhunderten unglaubliche Gerüchte. Sehr hartnäckig hielt sich die Version, daß Mathias von den Wienern vergiftet worden wäre. Auch über seine Todeskrankheit divergieren die Aussagen. Dem Augenzeugenbericht Antonio Bonfinis, der als großer Bewunderer des Königs schrieb, kann man daher durchaus Glauben schenken, wenn er berichtet, daß König Mathias Corvinus einem Schlaganfall erlegen sei.

Der Leichnam des verstorbenen Königs wurde auf der Donau nach Ofen und von dort nach Stuhlweißenburg, zur Grabstätte der ungarischen Könige, gebracht.

Am 24. April 1490 wurde er im Dom feierlich beigesetzt: „Beim Leichenbegängnis ging die gesamte Bevölkerung in der Prozession mit. Der Leichnam des Königs war auf einer Purpurdecke aufgebahrt und ausgestattet mit einem Fürstengewand, dem Schwert, dem Szepter, der Krone und dem Reichsapfel sowie mit goldenen Sporen. Er lag erhöht auf dem Altare der Basilika mit bedecktem Gesicht. Eine ungeheure Menge Adeliger stand um ihn herum; auf der einen Seite stellten sich die Priester, auf der anderen die Würdenträger auf. Alsbald formierte sich die Prozession für den König und der Leichenzug begann sich in Bewegung zu setzen . . . Als man in der Basilika der Hl. Jungfrau Maria angekommen war und den Leichnam in der Mitte aufgebahrt hatte, senkten die Ritter, die die gesamten Feldzeichen und das Schwert vorangetragen hatten, in Trauer alle Insignien vor dem Hauptaltar zu Boden, gleichsam wie wenn durch den Tod des Königs alle seine Trophäen, Feldzeichen und erworbenen Herrschaftsgebiete zusammengesunken wären. Beim Anblick dessen weinten alle."

Am 25. April wurde für König Mathias in Wien eine Totenmesse gelesen. Königin Beatrix war mit seinem Sohn Johannes Corvinus nach Ungarn zurückgekehrt. Der von Mathias Corvinus in Wien eingesetzte Bischof Urban Dózsi übernahm sofort in Ungarn die Reichsverweserschaft und gleichzeitig die Vorbereitung für die Königswahl. Johann von Zápolya, Woiwode von Siebenbürgen, verließ beim Herannahen Maximilians, der mit einem kaiserlichen Heer gegen Wien vorrückte, die Stadt. Zuvor hatte Maximilian Wiener Neustadt, das die ungarische Besatzung nach Mathias' Tod vertrieben hatte, unter seinen besonderen Schutz gestellt. Nur die Burg in Wien befand sich noch in den Händen der ungarischen Besatzungstruppen, als Maximilian in Wien eintraf.

Nun leistete Wien am 23. August 1490 wieder dem Kaiser den Treueeid. Eine päpstliche Bulle entband die Besatzung der Wiener Burg von ihrem Eid, und auch sie leistete ihren Eid dem Kaiser. Nun stürmten Soldaten und Bürger die Burg, angeblich wurde Maximilian bei diesem Sturm sogar leicht verletzt. Die letzten in der Burg verbliebenen Verteidiger ergaben sich, und 124 von ihnen wurden im Kärntnertor gefangengesetzt. Noch im September kapitulierte die ungarische Besatzung von Klosterneuburg, und die Truppen kehrten nach Ungarn zurück. In Pest war inzwischen Wladislaw von Böhmen zum König ausgerufen worden, was im Gegensatz zu den von Maximilian, Friedrich und Mathias getroffenen Vereinbarungen stand. Maximilian zog daher nach Ungarn, um dort seine Ansprüche geltend zu machen. Köszeg, Sopron, Steinamanger und Veszprém ergaben sich ihm, Ende November 1490 fiel Stuhlweißenburg in seine Hände. Aber er besaß keine Mittel mehr, um den Feldzug fortzusetzen, auch die fortgeschrittene Jahreszeit ermöglichte kein Verweilen in Ungarn. Man setzte sich wieder an den Verhandlungstisch, und am 29. November 1491 wurde ein neuerlicher Vertrag abgeschlossen. Der Kaiser behielt die ihm verpfändeten ungarischen Herrschaften bis zur Leistung eines Pfandgeldes.

Nach dem Tode Wladislaws sollte Maximilian erbberechtigter Nachfolger in Ungarn sein, der Titel stand ihm schon jetzt zu. Inzwischen eroberten die kaiserlichen Truppen wieder alle Plätze von den Ungarn zurück, Maximilian aber konnte sich wegen der Auseinandersetzungen um seine Braut Anne de Bretagne nicht um die ungarische Frage kümmern, und Friedrich war zu alt, um in Österreich die Ordnung wiederherstellen zu können. Noch immer zogen marodierende Söldner durch das Land. Sie wurden erst nach und nach von den örtlichen Herren vertrieben oder zu Wien gehenkt.

Die Kultur der Renaissance in Ungarn

Die ungarische Geschichtsschreibung hatte früher gerne die Kultur der Renaissance exakt mit der Thronbesteigung des Mathias beginnen lassen. Tatsächlich kann man aber schon früher Spuren der Renaissance und des Humanismus in Ungarn feststellen. Schon im Umkreis des János Hunyadi war eine Reihe wichtiger Humanisten tätig, auf die dann noch später im einzelnen eingegangen werden soll. Die Nachwirkungen der ungarischen Renaissance lassen sich bis in die erste Hälfte des 16. Jahrhunderts weiterverfolgen. Mathias' Hof war Zentrum und Kristallisationspunkt des kulturellen und künstlerischen Lebens. Vor allem die Städte Ofen und Visegrád, wo wir noch heute die Reste der ungarischen Renaissancearchitektur bewundern können, ragten hervor. Nach Mathias Tod trat Ofen etwas in den Hintergrund, und andere Zentren etablierten sich im Lande, wie etwa Gran, wo Erzbischof Thomas Bakócz die Bischofsresidenz zu einem Zentrum der Kultur formte. Bis zur Katastrophe von Mohács im Jahre 1526 gab es eine fast ungebrochene Renaissancetradition, sie wurde aber mit der Eroberung Ofens im Jahre 1541 vernichtet. Diese ungarische Renaissancekultur war multinational, bedeutende Gelehrte und Künstler verschiedenster Nationen fühlten sich vom kulturellen Klima des Landes angezogen. Nicht nur zahlreiche Italiener fanden ihre geistige Heimat am Hofe des Mathias Corvinus, sondern auch bedeutende Geister anderer Nationen. In der Tat war die Kultur der Renaissance im gesamten Europa eine kosmopolitische, keine Nationalität beanspruchte irgendeinen Vorrang. Trotzdem weist die ungarische Renaissancekultur typische Eigenheiten auf. Es entwickelte sich z. B. in Ungarn keine spezielle Universitätskultur, wie wir sie in anderen Ländern Europas finden. Besondere Schwerpunkte der ungarischen Renaissance können wir in der humanistischen Literatur, im Bibliothekswesen und in der Architektur feststellen. Doch stehen der Forschung unerhörte Schwierigkeiten entgegen, da der Historiker sich einer erschütternden Quellenarmut gegenübersieht – ein Ergebnis der fast 150 Jahre währenden späteren Türkenherrschaft. Einen besonderen Aufschwung hatte die Kultur der Renaissance in Ungarn nach der Heirat des Königs Mathias mit Beatrix von Aragon genommen, die zahlreiche italienische Meister an ihren Hof zog. Die herrschende philosophische Lehre wurde von den Neuplatonikern bestimmt, die das gesamte Denken des Hofes beeinflußten. Dies hing auch eng damit zusammen, daß man damals allgemein für die als reformbedürftig erkannte katholische Kirche neue Ideen und Impulse suchte. Es wird berichtet, daß Mathias sich sogar mit dem Gedanken getragen haben soll, nach Florentiner Muster eine platonische Akademie in Ofen zu gründen. Leider ist es nie dazu gekommen. Ganz im Sinne dieser offenen, die Persönlichkeit des einzelnen in den Vordergrund stellenden Denkungsweise ist auch die besondere Förderung der Geschichtsschreibung. So holte Königin Beatrix im Jahre 1486 Antonio Bonfini an den Hof, der im Auftrag des Königs ein Werk über die ungarische Geschichte schreiben sollte.

Bonfini arbeitete mehr als ein Jahrzehnt an seiner Geschichte Ungarns, die mit König Attila beginnt und bis zum Jahre 1496 reicht. Dieses monumentale Werk, für dessen Abfassung ihm die Bibliothek des Königs, aber auch Akten und Dokumente zur Verfügung standen, besitzt für die Zeit des Königs Mathias einen erheblichen Quellenwert, da Bonfini trotz aller Wertschätzung, ja extremen Verehrung für den König viele wichtige Details aus eigenem Erleben oder aus Erzählungen von Zeitgenossen in sein Werk aufnahm. Neben seiner historiographischen Arbeit übersetzte er noch griechische Autoren ins Lateinische und widmete sich archäologischen Studien. Bonfini starb um 1503 in Buda. Der italienische Humanist Filippo Buonaccorsi, der 1470 aus Rom an den Hof des polnischen Königs Kasimir IV. geflohen war, hielt sich in den späteren siebziger Jahren in Buda auf. Unter seinem Humanistennamen Callimachus Experiens überlieferte uns dieser Neuplatoniker eine gute Beschreibung der humanistischen Zirkeln und des Königshofes. Zwischen 1484 und 1486 schrieb der Italiener Galeotto Marzio ein Werk mit dem Titel: „Libellus elegans Galeoti Martii de egregie, sapienter, iocose dictis et factis Matthiae sereniss. Ungariae regis ...“, in dem er Taten und Aussprüche des Königs Mathias in essayhafter, allerdings extrem lobpreisender Form darstellte.

Der Chronist des Hunyadi-Zeitalters schlechthin war aber Johannes Thuróczy, der Mathias einen zweiten Attila nannte. Mit ihm begann eine erste Phase des ungarischen Historismus. Seine „Chronica Hungarorum“ wurde 1488 in Brünn in der Druckerei des Bischofs von Wardein und Kanzlers des Königs Johann Filipécz und dann später in Augsburg gedruckt. Thuróczy verherrlichte nicht so sehr die kulturellen Großtaten des Königs, sondern rühmte mehr seine diplomatischen Fähigkeiten und seine Erfolge als Feldherr.

Eine weitere Geschichte Ungarns (Epitome rerum Hungaricarum) verdanken wir dem Bischof von Lucera, Pietro Ransano, der sich zwischen 1488 und 1490 als neapolitanischer Gesandter in Ofen aufhielt. Sein Werk entstand im Auftrage der Königin Beatrix, die ihn auch aufgefordert haben soll, der Chronica des Thuróczy den letzten humanistischen Schliff zu verleihen. Das Original seines Werkes wird heute in der Széchényi-Bibliothek verwahrt. Das besondere Aufblühen der ungarischen Kultur in der zweiten Hälfte des 15. Jahrhunderts ist aber den humanistischen Zirkeln zu danken. Einer der bedeutendsten und frühesten ungarischen Humanisten war Johann Vitéz von Zredna. Um 1400 im Komitat Körös in Zredna geboren, war der spätere Erzbischof von Gran und Primas von Ungarn einer der Bahnbrecher humanistischen Gedankengutes. Nach seiner Aufnahme in den geistlichen Stand studierte er um 1434 in Wien. Bereits 1436 finden wir ihn als Notar der königlichen Kanzlei in Ofen. Er entstammte nicht dem Hochadel, seine Sympathie gehörte eher dem Kleinadel. Schon unter König Albrecht hatte er eine wichtige Position bei Hofe. 1440, nach der Wahl des polnischen Königs Wladislaw, soll er den Text der Wahlkapitulation verfaßt haben. Nach dem Tod des jungen Königs bei Varna gehörte er zu den wichtigsten Beratern Johann Hunyadis. Dank der Fürsprache seines Protektors bei Papst Eugen IV. wurde er 1445 zum Bischof von Wardein ernannt, wo er einen bedeutenden humanistischen Kreis schuf. Diesem Humanistenkreis von Várad gehörten die bedeutendsten Männer seiner Zeit an. Nikolaus, Bischof von Modrus, der

1463 einen Winter in Wardein verbrachte, schildert uns das rege geistige Leben am Bischofshofe: „... in jenem glücklichen und erinnerungswürdigen Winter, den wir bei dir in Großwardein und mit sehr vielen Gelehrten, oftmals in deiner würdigen Bibliothek unter zahllosen Büchern berühmtester Männer weilend, so heiter und angenehm verbrachten." Diese erwähnte legendäre Bibliothek des Johann Vitéz war zweifellos das Vorbild für andere Bibliotheken, die dann in Ungarn entstanden. Wir besitzen noch eine ganze Reihe von Handschriften, die sicherlich aus seiner Bibliothek stammen. Er ließ in Ungarn, aber auch in Italien eine Reihe klassischer Autoren abschreiben, und der berühmte Florentiner Buchhändler Vespasiano da Bisticci schreibt über seine Bibliothek, sie sei eine „bibliotheca bellissima" gewesen, in der kaum ein wichtiger lateinischer Autor fehlte. Vitéz war ein besonders genauer Kritiker der Abschriften, er verlangte möglichst fehlerfreie Texte. Er selbst war ein sehr fruchtbarer Schriftsteller, der ganz im Stile der klassischen Humanisten Reden und Briefe schrieb. In diesen bediente er sich immer wieder des in der Antike üblichen Vokabulars, der im Lateinischen häufig verwendeten Symbole und Redewendungen. Der Wardeiner Domherr Paul Ivanich hat einen großen Teil dieser Briefe von Vitéz gesammelt. Seine rhetorische Begabung, die er als Kanzler der Könige und des Johann Hunyadi bei zahlreichen offiziellen Delegationen in Ungarn, aber auch im deutschen Reich in hervorragender Weise unter Beweis stellte, ist uns in einer großartigen Edition erhalten geblieben. Als Beispiel seiner Gewandtheit sei ein kleiner Teil seiner Rede in Wiener Neustadt, die er anläßlich des Reichstages, der über einen Feldzug gegen die Türken beriet, an Friedrich III. richtete, zitiert:

„Du, Kaiser, erhältst also aus Ungarn, was Du erwartest: es bringt die geforderte Unterstützung dar und fordert von der anderen Seite die gebotene, weil es, mag es auch noch nicht dasselbe Los wie die Griechen haben, dennoch in ihre Sorgen verstrickt wird. Fremder Wohltat erfreut sich Ungarn noch nicht, aber es bedarf ihrer jetzt und bedarf ihrer umso mehr, weil es mit noch größeren Heeresmassen heimgesucht wird. Wenn aber Ungarn bisher für die anderen die Wohltat der Verteidigung getragen, wenn es mit seinem Körper und seinen Wunden die übrigen geschützt hat, so ist die Zeit da, daß jetzt ihr die

Gegenleistung erbringt, so lange es sowohl die Bedürfnisse des Landes als auch eure sorgende Güte anrät . . . Und mag auch Ungarn weder jenen Feind in die Flucht schlagen noch selbst fliehen können, so wird es dennoch den Widerstand nicht völlig aufgeben können, wobei es aber doch Bedenken trägt, ob es auch stark genug ist, ihn durchzuhalten. Wenn es dann dabei irgendeine Niederlage erleidet, werden die Ungarn die Schande mit der gesamten Christenheit, den Schaden aber ganz allein zu spüren bekommen, und mit Recht wird die Niederlage mehr denen, die sie im Stich gelassen haben, angerechnet werden, als daß sie als Schuld der im Stich Gelassenen betrachtet wird; auch wird allen im Stich Gelassenen Gefahr für heute, denen aber, die sie im Stich lassen, Gefahr für die Zukunft drohen. Und ungerechtfertigt werden diejenigen, die Ohnmacht der Ungarn als Lüge hinstellen, die sich abwenden und ihre Notlage verachten."

Johann Vitéz ließ sich die Ausbildung begabter junger Männer besonders angelegen sein und schickte eine ganze Reihe von jungen Ungarn nach Italien zum Studium. Unter anderen auch seinen Neffen Janus Pannonius, von dem es hieß, daß er das Griechische ebensogut beherrschte wie das Lateinische. 1458, bei der Wahl des Mathias Corvinus zum König, spielte Johann Vitéz eine einflußreiche Rolle, in den späteren Jahren stand er dem Corvinen als Berater zur Seite. 1464 ernannte ihn Mathias zum Erbobergespan des Komitates Bihar, 1465 wurde er Erzbischof von Gran, wo er wieder einen hervorragenden Kreis von Gelehrten um sich versammelte. Sein Humanistenzirkel von Wardein übersiedelte nach Gran, seine legendäre Bibliothek wurde nach Gran gebracht. Den Graner Bischofspalast ließ Vitéz im Stile der Renaissance umbauen. Leider wissen wir fast nichts über diesen wundervollen Palast, der bei den Belagerungen von 1594 und 1595 völlig zerstört wurde. Wir besitzen nur Reste, die aus den Trümmern der alten Kathedrale geborgen wurden, unter anderem sein Grabmal, das einen äußerst selbstbewußten, durchgeistigten Mann zeigt. Er war mit den größten Geistern seiner Zeit befreundet. Pier Paolo Vergerio (1370–1444), einer der ganz frühen Humanisten, der sich bereits auf dem Konzil zu Konstanz in den Dienst des Königs Sigismund gestellt hatte und über diesen eine – leider verschollene – Historia verfaßte, war sein väterlicher

Freund. Wahrscheinlich erbte Vitéz die Bibliothek des Vergerio. Auch mit Enea Silvio Piccolomini verband ihn eine enge Freundschaft. Im Jahre 1467 fand in Gran ein großes Humanistensymposion statt, an dem auch König Mathias teilnahm. In diesen Jahren in Gran beschäftigte sich Johann Vitéz vor allem mit Astronomie. Die berühmten Astronomen seiner Zeit Johannes Regiomontanus und Martinus Bylica von Ilkusz waren seine Gäste in Gran. In Gran arbeiteten die beiden bedeutenden Astronomen auch an einem Horoskop für die auf Initiative des Königs gegründete Universität in Preßburg, die mit päpstlicher Bulle vom 19. Mai 1465 durch Papst Paul II. genehmigt wurde. Gemeinsam mit Galeotto Marzio wurden von Vitéz antike Schriften über die Naturwissenschaften gesammelt. Die berühmten Handschriften waren nicht nur Zierde seiner Bibliothek, sondern auch häufig benutzte und viel gelesene Gegenstände seines Lebens, wie die vielen Notizen von seiner eigenen Hand in den Kodizes beweisen.

Leider beteiligte sich Vitéz 1471 an einer Verschwörung der Humanisten gegen König Mathias Corvinus, wurde inhaftiert und starb bald darauf am 2. August 1472.

Neben Vitéz galt sein 1437 in Slawonien geborener Neffe Janus Pannonius als einer der begabtesten Geister des ungarischen Humanismus. 1447 sandte ihn sein Onkel zu Guarino da Verona nach Ferrara zum Studium. Die Zeitgenossen berichten, daß der junge ungarische Kleriker fast als ein Wunderkind angesehen wurde. Während seiner italienischen Jahre – er weilte von 1447 bis 1454 in Ferrara – schloß Pannonius Freundschaft mit dem Italiener Galeotto Marzio. Diese Jahre waren auch die fruchtbarsten Jahre für seine Dichtungen. Nach 1454 ging er von Ferrara nach Padua, wo er das Doktorat im kanonischen Recht ablegte. Hierauf kehrte er nach Ungarn zurück, um seinem Onkel bei seiner Arbeit in der königlichen Kanzlei zur Seite zu stehen. 1459 wurde er zum Bischof von Fünfkirchen ernannt, ab 1460 war er hauptsächlich in der königlichen Kanzlei als Hauptkanzler der Königin tätig. Schon damals brach seine Krankheit – er litt an einem Lungenleiden – aus, und er sehnte sich eigentlich immer nach Italien zurück. 1465 ging er neuerlich mit einer Gesandtschaft nach Italien. Zweck seiner Mission bei Paul II. war, über die Türkenhilfe zu verhandeln, aber er brachte auch ein Gesuch um Erlaubnis

Brustbild des Königs aus dem Marlianus-Kodex, dem Schüler Leonardo da Vincis, Ambrogio de Predis, zugeschrieben.

Ausschnitt des rechten Titelblattes aus dem Philostratus-Kodex. In der Initiale N wird der Einzug des Johannes Corvinus an der Spitze eines Triumphzuges in die eroberte Stadt Wien dargestellt.

Rechte Seite:
Ausschnitt aus einem Kanonbild eines Missales. König Mathias kniet vor dem Schmerzensmann, vor ihm auf dem Boden das königliche Wappen.

IHESUS·NAZA
REX·IUDECI
Ego Mathias Rex hungarie concessi hoc missale
liber in provincia qua claudit diem extremum.

Titelblatt eines Breviers. Das Bild stellt eine Predigt des Apostels Paulus dar. In der ersten Reihe der Zuhörer sitzen König Mathias, zu seiner Rechten sein Sohn Johannes, zu seiner Linken die Königin Beatrix.

Rechte Seite:
Titelblatt einer dreibändigen Bibel. Im Vordergrund betend König David. Links hinter dem Kopf des Königs eine Gruppe, bestehend aus dem König Mathias in der Mitte, zu seiner Linken König Karl VIII. von Frankreich, zu seiner Rechten die Regentin Anne de Beaujeu (?).

Einbanddeckel des Psalteriums der Königin Beatrix.
Venezianische Arbeit (?), im mandelförmigen Mittelornament befindet sich das Wappen des Königs Mathias.

Mathias Corvinus schlägt den eidgenössischen Abgesandten Melchior Russ am 24. Juni 1488 in der Wiener Stephanskirche zum Ritter. Aus der Luzerner Bilderchronik des Diebold Schilling.

Darstellung des Königs Mathias, kolorierter Stich des 19. Jahrhunderts.

einer Universitätsgründung in Preßburg mit. In den folgenden Jahren widmete er sich hauptsächlich seinen neuplatonischen Studien und den Übersetzungen griechischer Klassiker. Seine Privatbibliothek in Fünfkirchen erlangte ebenso legendären Ruf wie die seines Onkels Vitéz. 1467 wurde er Schatzmeister Ungarns und nahm 1468 am Kriegszug des Königs Mathias nach Böhmen teil. 1471 beteiligte er sich ebenso wie sein Onkel an der Verschwörung der Humanisten und floh aus Ungarn. Er erlag im März 1472 in der Bärenburg bei Agram seinem schweren Lungenleiden. Er gilt als der erste und bedeutendste Lyriker des Humanismus. Der florentinische Buchhändler Bisticci überlieferte, daß man in ganz Italien von seinen Talenten gesprochen habe. Den größten Teil seiner dichterischen Werke schrieb er vor seinem 20. Lebensjahr. Ganz besonders wichtig sind seine Epigramme. Später widmete er eine Reihe seiner epischen Werke seinen Zeitgenossen, wie Friedrich III. und René von Anjou, aber auch seinem Lehrer Veronese. Drei Jahre nach seinem Tod ließ König Mathias seine Gebeine in den Dom von Pécs bringen und sie dort feierlich beisetzen. Im Auftrag des Königs sammelte der Erzbischof von Kalocsa, Petrus Váradi, ein Verwandter des Vitéz, die Epigramme und verstreuten Schriften des Janus Pannonius. Über Wunsch des Mathias sollte das „Neue Lernen“, die Vertiefung der Kenntnisse über alle Wissenschaften, nicht nur Aufgabe kleiner exklusiver Humanistenzirkel sein, sondern begabte junge Ungarn sollten die Möglichkeit haben, an einer Universität zu studieren. Universitätsgründungen waren in Ungarn zur Zeit der Könige aus dem Hause Anjou erfolgt (1367 Pécs und 1395 Obuda), doch waren diese bald wieder aufgelöst worden. Die Professoren waren abgewandert, das Studium kam zum Erliegen. Die jungen Ungarn gingen zum Studium hauptsächlich nach Italien, wobei sie die Universitäten von Padua, Ferrara und Bologna bevorzugten. Aber auch die benachbarten deutschsprachigen Universitäten Prag, Wien und Krakau erfreuten sich großer Beliebtheit. In Wien gab es an der Universität eine eigene ungarische Nation (Natio Hungariae).

Diesem Mißstand wollte Mathias abhelfen, indem er Neugründungen plante, an denen das studium generale nach den Kriterien des Humanismus gepflogen werden konnte. In seinem Gesuch um Bewilligung einer Universität in Preßburg schrieb er an den Papst: „In regno ungarie, licet amplo et fertili, non viget aliquod studium generale." (Im Königreich Ungarn, obschon groß und fruchtbar, gibt es kein studium generale.) Der Corvine versuchte auch in Buda eine Universität zu schaffen. Sie sollte, auf der Ordensschule der Dominikaner basierend, eine richtige Universität werden. Leider wurde dieses Projekt nicht durchgeführt. Trotzdem erlebte das Bildungswesen im Lande einen Aufschwung. Die Domschulen an den Bischofssitzen waren wichtige Lernzentren. Auch die Ordensschulen der Bettelorden der Dominikaner und Franziskaner waren vorbildlich geführte Unterrichtseinrichtungen. Dazu kamen noch im ganzen Lande die Stadtschulen, die die Grundbegriffe in Lesen, Schreiben und Rechnen vermittelten. Die meisten Schulstädte lagen in Nordungarn und in Siebenbürgen, wo es die am höchsten entwickelte Stadtkultur gab. Diese fortschrittliche Urbanisation war ein Ergebnis blühenden Handels bzw. des Bergbaues in Oberungarn.

Die Geschichtsschreiber, die Humanisten, die Professoren an Universitäten und Schulen waren ein Teil der von König Mathias mit Leidenschaft und Konsequenz verfolgten Durchdringung des gesamten kulturellen Lebens des Landes mit den Ideen von Humanismus und Renaissance. Sein Mäzenatentum, seine Kunstbegeisterung und seine intensive Sammeltätigkeit wurden Vorbild für eine ganze Generation. Auch nach seinem Tod breiteten sich seine kulturellen Vorstellungen und Initiativen wie ein Netz über das ganze Land. Seine Begeisterung für Kultur entsprach einem tiefen inneren Bedürfnis, aber sie diente auch der ruhmvollen Darstellung des Landes. Seinen Lieblingsbildhauer Johannes Duknovich de Tragurio belohnte er durch Schenkungen und eine Adelsverleihung, die er so begründete: „quantum nominis etiam sua arte et industria in similibus operibus ad nostram et totius regni nostri gloriam adjiciatur" (wieviel Glanz durch seine künstlerische Arbeit an dergleichen Werken zu Unserem Ruhm und zum Ruhm des ganzen Reiches hinzukommt).

Nach Aussage seines Historiographen Bonfini förderte Mathias vor allen Künsten die Architektur. „Omnes bonas artes colis et in primis architecturam, quia nihil ad principalem magnificentiam magnis pertinere videtur." (Alle edlen Künste förderst Du und vor allem die Architektur, weil sie Deiner

Meinung nach am ehesten zur Hoheit eines Fürsten gehört.) An der Tafel des Königs wurde über Architektur diskutiert, er besaß die wichtigsten Werke in seiner Bibliothek oder ließ sie sich schnellstens übersetzen. Seine planende Phantasie ließ großartige Bauwerke erstehen. Neues wurde errichtet, nicht Altes mit neuem, modischem Zierat versehen. Er sah die Bautätigkeit der Sforza und Medici als ein Vorbild, dem es nachzueifern galt.

Nicht nur er und seine gebildete Hofhaltung wurden zu neuem Gestalten animiert, sondern das ganze Land wurde vom Baufieber erfaßt. Der König spornte an, er förderte und unterstützte durch Gesetze und Verordnungen. Kirchen und Paläste entstanden, aber auch Stadtbefestigungen, Brücken und Grenzfesten. Die Bischöfe verschönten ihre Residenzen, aber auch ein Heerführer wie Paul Kinizsi, der ein echter Haudegen war, beschäftigte in seiner Burg den Bildhauer des Königs. Sie alle ahmten das Beispiel des Königs nach, bestellten Kunstgegenstände in Italien, sammelten Produkte des Kunsthandwerkes und wirkten als lokale Mäzene.

Das wichtigste Renaissancebauwerk des Königs war der Ausbau der Burg in Buda. Aus zeitgenössischen Berichten und wenigen Ausgrabungen lassen sich seine großzügigen Ausbaupläne rekonstruieren. Die Säle der Burg erhielten Tonnenwölbungen, andere geschnitzte Kassettendecken. Wände und Gewölbe wurden mit Fresken verziert, Türen und Fenster mit feinstem Schmuck versehen. Glasierte Kachelöfen mit figuralen Ornamenten und Steinmetzarbeiten wurden mit dem Wappen des Königs geschmückt. Inschriften verkündeten zusätzlich den Ruhm des großen Königs. Ganz im Stile der strengen und einfacheren florentinischen Renaissance gehalten, wurde die Budaer Burg zum beispielgebenden Typus. Im Vorhof und im Hof des Palastes standen sechs lebensgroße Bronzestatuen, von denen drei nach Schilderungen Bonfinis die Hunyadis – Johann, Ladislaus und Mathias – darstellten. Diese Statuen entstanden sogar früher als Michelangelos David für den Palazzo Vecchio in Florenz. Ein Pallas-Brunnen aus rotem Marmor, den noch der türkische Reisende Evliyâ Çelebi sah, schmückte den Hof des Palastes.

Das zweite wichtige Bauwerk des Königs war der Ausbau des königlichen Palastes in Visegrád, von dem wir uns aufgrund der jüngsten Ausgrabungen doch ein deutliches Bild machen können. Schon in römischer Zeit stand dort ein Kastell, später war dies eine slawische Siedlung, wie der Name zeigt. Unter Béla IV. wurde auf der Spitze des Hügels eine Zitadelle erbaut, unter den Anjous in der 2. Hälfte des 14. Jahrhunderts wurde Visegrád königliche Residenz. Bereits unter Ludwig dem Großen und Sigismund erfolgte ein Ausbau dieses Palastes im Stile der Frührenaissance. Schon damals war man von der Spitze des Berges, die schwer zugänglich war, an den Hang herunter übersiedelt und hatte eine sehr elegante königliche Residenz errichtet. 1335 war dieses Ambiente Schauplatz einer Zusammenkunft der Könige Ungarns, Polens und Böhmens sowie des Deutschen Ordensgenerals zur friedlichen Lösung gemeinsamer Probleme. Dieser drei Monate dauernde Fürstentag, der sich in gemeinsamer Gegnerschaft zu Reich und Habsburg vereint sah, beriet über neue Handelswege und über Maßnahmen, wie man die eigene Handelspotenz heben könnte. Immer wieder war Visegrád, auch schon in der Zeit vor Mathias Hunyadi, königliche Residenz. In der 2. Hälfte des 14. Jahrhunderts begann man, das Schloß terrassenförmig auszubauen. Aus dieser Zeit haben wir auch die Reste des prachtvollen gotischen Brunnens, die wir im Museum zu Visegrád bewundern können. Zur Zeit des Mathias wurde Visegrád ganz im Stil der Renaissance ausgebaut.

Nun waren sowohl Buda als auch Visegrád gleichberechtigte königliche Residenzen. Nachdem die Kronjuwelen 1464 wieder in das Schloß zurückgekehrt waren, begann die neuerliche Ausbauphase des Palastes. Es wurde der bekannte Löwenbrunnen errichtet; aus den Datierungen, die wir heute auf Steinresten finden, lassen sich die Jahreszahlen 1473, 1479, 1484 feststellen. Eine wichtige Ausbauphase setzte nach der Hochzeit des Mathias mit Beatrix ein, da in ihrem Gefolge zahlreiche italienische Meister am Palaste weiterarbeiteten. So entstand wahrscheinlich die perfekte Harmonie dieser Anlage, ein Palast, der sich fugenlos in eine Landschaft einfügte. Italienische Vorbilder, wie die Anlagen von Florenz, Montefeltre und Ferrara, lassen sich feststellen, wahrscheinlich stand Visegrád in seiner Pracht diesen Vorbildern nicht nach. Von den Zeitgenossen wurde der Palast in den hellsten Farben geschildert. Nach dem Tode des Mathias Corvinus lebte Johannes Corvinus in diesem Palaste. Später war er, nach dem Tode Wladislaws II., im Besitze der Kronwächter, da die Kroninsignien noch immer in Visegrád aufbewahrt waren. Da der Palast aber nun nicht mehr Residenz war, verfiel er nach und nach, und um die Mitte des 16. Jahrhunderts, als die Türken in Ungarn einfielen, wurde er mehrfach umkämpft. 1543 wurde die ganze Stadt Visegrád durch eine Feuersbrunst verheert, und Ende des 16. Jahrhunderts, als Visegrád längst erobert war, schrieb der deutsche Reisende Lubenau, daß die Ziegen in seinen Mauern weideten. Er war nur noch eine dachlose Ruine. Vom Fels herabströmende Wassermassen hatten den Palast noch weiter devastiert. Um 1700, nachdem die Türken vertrieben waren, siedelte man in dieser Gegend bayerische Siedler an, da das Gebiet sowohl durch die Türken als auch durch die folgenden kaiserlichen Truppen fast völlig entvölkert war. Diese Siedler benützten nun die Ruine des Palastes als Steinbruch und verwendeten alles, was noch brauchbar war. So befinden sich Einzelteile des Palastes, wie später rekonstruiert wurde, in Kirchen und Häusern der Umgebung eingebaut. In der Mitte des 19. Jahrhunderts begann man den Palast auszugraben, fand aber nichts Entscheidendes, so daß man die Berichte des 15. Jahrhunderts für schönfärberische Geschichten hielt. Erst im 20. Jahrhundert hatte der ungarische Architekt János Schulek endlich Erfolg und konnte durch seine Ausgrabung die Geschichte unter Beweis stellen. Nach dem Krieg wurde und noch heute wird in Visegrád ausgegraben, immer wieder werden Teile der hervorragenden Architektur gefunden.

Im Schatz des Königs fanden sich Bilder bedeutender italienischer Meister, wie Andrea Mantegna, Filippino Lippi und Verrocchio. Aber auch besondere Gegenstände des Kunsthandwerkes und der Goldschmiedekunst sind, dank glücklicher Umstände, den Türkenstürmen entgangen. Im Domschatz von Esztergom befindet sich der sogenannte Goldene Kalvarienberg, der am Sockel vierfach das Wappen des Königs trägt. Dieser aus einem gotischen Oberteil, der in Paris angefertigt wurde, und einem Renaissancesockel, der eine Mailänder Arbeit sein dürfte, zusammengefügte Kalvarienberg kam als Pfand des Johannes Corvinus in den Besitz des Thomas Bakócz, Erzbischof von Gran. Da Johannes Corvinus das Pfand nie auszulösen vermochte, blieb es in Esztergom. Bakócz stiftete diese Kostbarkeit dem Domschatz von Esztergom.

Der heute in Wiener Neustadt verwahrte, nach dem König benannte Corvinus-Becher ist nicht eindeutig dem Schatz des Königs zuzuschreiben. Angeblich soll Mathias eine Sammlung von mehr als 300 Bechern besessen haben, aber eine detaillierte Schilderung dieses Stückes, die auf den Besitz des Königs schließen ließe, ist uns nicht überliefert. Im Domschatz von Esztergom befindet sich noch ein Meßgewand, eine Kasel, deren Grundmotive eine gewisse Verwandtschaft mit dem Thronbehang des Königs ahnen lassen. Auch die Corvinus-Monstranz und das Trinkhorn, ein Geschenk des Johannes Corvinus, stammen aus dem königlichen Schatz.

Die Bibliothek des Königs – eine königliche Bücher-Sammlung

Obwohl sie uns nur in armseligen Resten überliefert wurde, ist die Bibliothek des Königs Mathias zweifellos das bedeutendste und schönste Zeugnis der ungarischen Renaissancekultur. Sie war die größte und vollständigste fürstliche Privatbibliothek jenseits der Alpen, die nicht das zufällige Produkt einer prahlerischen Herrscherlaune darstellte, sondern organisch aus der ungarischen Renaissancekultur erwachsen war. Nicht die Darstellung prächtiger äußerer Form war der Grund ihrer Entstehung, sondern der Wunsch, das Wissen der Zeit möglichst komplett zu sammeln und in würdiger Form zu bewahren.

Bibliotheken sind in Ungarn ungefähr seit dem Jahre 1000 nachweisbar, und zwar im Stift von Pannonhalma. Wie anderswo wurden in den späteren Jahrzehnten und Jahrhunderten Stifte und Universitäten – damals bestanden in Ungarn die Universitäten Pécs und Obuda – die Zentren der Hochkultur und der Bibliotheken. Besonders wichtig für die einmalige Blüte der ungarischen Buchkultur war aber die fast traditionell enge Beziehung zu Italien, die seit dem 14. Jahrhundert, der Herrschaft der Könige aus dem Hause Anjou (Karl I. Robert und Ludwig I.), bestand. Durch sie und ihre Gefolgsleute kamen immer wieder italienische Einflüsse ins Land. Einen großen Aufschwung für die ungarische Kultur bedeutete die Regierungszeit König Sigismunds, der gleichzeitig römisch-deutscher Kaiser war. Schon unter seiner Regierung kamen bedeutende Humanisten aus Italien nach Ungarn und förderten den Kulturaustausch. Sigismund erbte zwar die berühmte Büchersammlung seines älteren Bruders Wenzel, doch brachte er den Büchern kein besonderes Interesse entgegen. Nach seinem Tod wurde diese Bibliothek, zumindest zum größten Teil, von seinem Schwiegersohn Albrecht nach Österreich gebracht. 1455 hat noch dessen Sohn Ladislaus die Bücher von Friedrich III. zurückgefordert, allerdings ohne jeglichen Erfolg.

Die Wegbereiter für die Hochblüte des ungarischen Humanismus und seiner Buchkultur waren Pier Paolo Vergerio und Johann Vitéz. Die Bibliothek des letzteren und die seines Neffen Janus Pannonius wurden zum Vorbild für den jungen König Mathias. Als Janus Pannonius im Jänner 1455 in diplomatischer Mission in Rom weilte, wo er bei Papst Paul II. für einen neuerlichen Krieg gegen die Türken werben sollte, widmete er seine Zeit nicht nur den Verhandlungen. „Er kaufte in Rom [auch] jedes Buch, das er bekommen konnte, griechische und lateinische aller Wissenszweige."

Wann König Mathias mit dem Aufbau seiner großartigen Bibliothek begann, wissen wir nicht genau. Es gibt keine einzige Quelle, die uns darüber Aufschluß gäbe. Wahrscheinlich hat er selbst schon in seiner Jugend Bücher besessen und später von seinem Vater einige Handschriften und Kodizes geerbt. Auch von seinen Vorgängern auf dem Throne mag einiges auf ihn gekommen sein. Auf diesen Beständen aufbauend, hat er weitergesammelt. Aus einem Brief des Königs an Pomponius Laetus, den Präsidenten der Römischen Akademie, aus dem Jahre 1471 wissen wir, daß Mathias in Rom Bücher durch seine besonderen Agenten kaufen ließ. Er erwähnt in diesem Schreiben auch einen „miniator noster" (unser Buchmaler), das bedeutet, daß schon damals an seinem Hof ein eigener Buchmaler tätig war.

Er selbst erwarb die Bücher nicht nur aus Prestigegründen, sondern er las sie auch, denn in jenem Brief nach Rom schrieb er: „Den Silius Italicus haben Wir in diesen Tagen oft in die Hand genommen, denn er hat Uns schon in Unserer Jugend gefallen. Jetzt aber, da Wir selbst mit Kriegen beschäftigt sind, gefällt er Uns noch besser, denn er selbst besingt Kriege." Silius Italicus, Konsul und Schriftsteller des ersten nachchristlichen Jahrhunderts, beschrieb in einem Epos von 17 Gesängen den zweiten Punischen Krieg. Dieser Florentiner Kodex, auf den Mathias sich in diesem Brief bezieht, hatte – wie eine große Anzahl anderer Bücher aus der Bibliothek des Corvinen – ein merkwürdiges Schicksal. 1526 wurde er nach der Erstürmung Budas von Suleyman dem Prächtigen (1520–1566) erbeutet und nach Istanbul gebracht. Dort erhielt er später einen türkischen Ledereinband. 1877 schenkte ihn Sultan Abdul Hamid II. (1876–1909) den Ungarn. Heute befindet er sich in der Universitätsbibliothek in Budapest. Schon aus den Jahren 1464 und 1466 wissen wir von Werken, die dem König Mathias gewidmet wurden. Auch nach der Gründung der Universität von Preßburg 1467 lassen sich vermehrte Bücherkäufe des Corvinen feststellen. Nicht zuletzt spielte auch der Umstand eine wichtige Rolle, daß Mathias politisch eine gefestigtere Stellung erreicht hatte, er konnte nun um so mehr sein Augenmerk den Bildungsgütern zuwenden. In diesen Jahren können wir auch einen verstärkten Zuzug von Humanisten an seinen Hof feststellen. Nach 1469, nachdem Mathias zum König von Böhmen erhoben worden war, tauchte auch auf den Wappen des Königs in den prachtvoll illuminierten (d. h. mit farbigen Zeichnungen versehenen) Kodizes der gekrönte böhmische Löwe mit dem doppelten Schweif auf.

Der erste Bibliothekar des Königs war der Italiener Galeotto Marzio. Ein Freund des Janus Pannonius aus den Studienzeiten in Ferrara, war er auf dessen Einladung schon 1461 nach Buda gekommen und ließ sich 1465 hier für längere Zeit nieder. Die erste Phase der Geschichte der Bibliothek endete aber mit dem Sturz und dem Tod des Johann Vitéz und des Janus Pannonius. Mathias ließ die Bibliothek des Janus Pannonius beschlagnahmen – es war dies eine von Fürsten der Zeit häufig angewandte Maßnahme – und der königlichen Bibliothek einverleiben.

In den folgenden Jahren herrschte in der Bibliothek eine gewisse Stagnation. Erst nach der Heirat des Corvinus mit Beatrix von Aragon begann wieder eine rege Sammeltätigkeit. Die Königin brachte ihre eigenen Bücher nach Ungarn mit – wir kennen eine Reihe von Kodizes mit ihrem Wappen –, eine Anzahl von Büchern wurden auch ihr persönlich gewidmet. Ihr Vorbild und das der berühmten Aragon-Bibliothek dürften wieder anregend auf den König gewirkt haben. Auch der neuerliche Zustrom italienischer Humanisten verlieh der Sammeltätigkeit des Königs neue Impulse. Trotzdem dürfte die Königin nicht ausdrücklich an der Fortführung der Sammeltätigkeit beteiligt gewesen sein. Die Mehrzahl der angekauften Bände wurde wieder in Florenz gekauft bzw. hergestellt. Nun wurden die prächtigsten Exemplare der Bibliotheca Corviniana in Auftrag gegeben. Dies hing mit drei hervorragenden Persönlichkeiten zusammen. Es waren dies Marsilio Ficino, Francesco Bandini und Taddeo Ugoleto. Marsilio Ficino, der Begründer der neuplatonischen Akademie in Florenz, hatte 1477 seine Platon-Biographie dem König nach Buda geschickt. Seinem Freunde Bandini, dem Gesandten von Florenz, schrieb er, daß er seinen Platon an Mathias schicke, „der mit wunderbarer Macht und auch mit Weisheit im Verlaufe einiger Jahre den Tempel der mächtigen und weisen Pallas wieder errichtete". Neuer Bibliothekar des Königs wurde Taddeo Ugoleto, über den wir leider nur sehr wenig wissen. Sicher ist, daß er der Erzieher des Johannes Corvinus war und die Bibliothek des Königs völlig neu organisierte. Im Auftrage des Mathias reiste er nach Florenz, um dort eine Anzahl von Bücherkopien in Auftrag zu geben. Wahrscheinlich unternahm er auch eine Reise, bei der er alle Bibliotheken Europas aufsuchte, um sie kennenzulernen. Seiner Organisation verdankte die Bibliothek hauptsächlich den Erwerb griechischer Werke. Diese soll er in Griechenland und in der Türkei erworben haben.

Auch die einzigartige Unterbringung der Bibliothek im königlichen Schloß in Buda ist seiner Initiative zuzuschreiben. Zwei helle, freundliche Säle, mit Reihen vergoldeter Regale an den Wänden, wurden für die Kodizes prunkvoll eingerichtet. Sämtliche Bücher der Bibliothek ließ Ugoleto mit dem Wappen des Königs versehen. Prächtige geprägte Ledereinbände, zuweilen Samt- und Seideneinbände wurden speziell für die Bibliothek angefertigt. Auch diese Einbände waren jeweils mit dem Wappen des Königs geschmückt. Sie sind Zeugnisse der Vollendung der ungarischen Buchbinderkunst.

Im Auftrage Ugoletos überwachte der Florentiner Humanist Naldo Naldi in Florenz die Tätigkeit der Kopisten, die im Auftrage des Königs arbeiteten. Ihm verdanken wir die einzige detaillierte Schilderung dieser Bibliothek und ihrer Bestände. Aufgrund der Aufzeichnungen Ugoletos verfaßte Naldi ein Werk mit dem Titel „Epistola de laudibus augustae bibliothecae atque libri IV. versibus scripti codem argumento ad serenissimum Matthiam Corvinum Pannoniae regem" (Brief über das Lob der ehrwürdigen Bibliothek und 4 in Versen geschriebene Bücher darüber, dem edelsten König von Ungarn, Mathias Corvinus). Dieser von Attavante illuminierte Kodex befindet sich heute in Thorn und ist die Grundlage aller Forschungen über die Bibliotheca Corviniana.

Viele Bücher, die Mathias in Florenz kopieren ließ, wurden in der sogenannten Humanistenkursive geschrieben. Es war dies nicht eine einfache Schrift, wie man sie bei sonstigen Abschriften verwendete, sondern die kalligraphische Form einer Humanistenschrift. Einige andere Kodizes sind in einem Übergangstypus von Schrift geschrieben. Diese Antiqua ist das Vorbild heutiger Buchdruckschriften. Von einer Reihe Kopisten kennen wir aufgrund ihrer Signaturen oder aus anderen Hinweisen in den Quellen der Zeit die Namen.

Nach der Einnahme Wiens 1485, die Mathias auf den eigentlichen Gipfel seines Ruhmes brachte, erlebte seine Sammeltätigkeit neuerlich einen Aufschwung. Doch können wir kaum den Einfluß habsburgischer Vorbilder annehmen, da sich die Bibliotheken der Habsburger längst noch nicht soweit entwickelt hatten. Nach 1485 entfaltete Mathias eine besondere Aktivität für den weiteren Ausbau seiner Bibliothek. Die Handschriften werden prächtiger, die Zierleisten zeigen neben dem Wappen des Königs eine Anzahl sich immer wiederholender Symbole: Es sind dies Sanduhr, Bienenkorb, Faß, Ring, Drache, Zündstein und Zünder, Brunnen und Astrolabium (Instrument zur Bestimmung von Sternpositionen). Diese Symbole, die auch auf Ofenkacheln der ungarischen Keramikwerkstätten vorkommen, sind Sinnbilder besonderer Tugenden.

Der Historiograph Antonio Bonfini überlieferte diese acht Tugenden, die den zeittypischen Idealen entsprachen. Der Ring stand für Glaube (fides), der Brunnen für Weisheit (sapientia), der Drache für Klugheit (prudentia), der Zündstein für Tapferkeit (fortitudo), das Faß für Großmut (animi magnitudo), die Sanduhr für Toleranz (tolerantia), der Bienenkorb für Milde (benignitas), das Astrolabium für Gerechtigkeit (iustitia).

Des öfteren sind auch Bildnisse des Königs und der Königin auf den Titelblättern der Handschriften zu finden. Hochzeiten oder Verlobungen waren ein Anlaß, besonders wertvoll geschmückte Bücher in Italien in Auftrag zu geben, wie der berühmte Dante-Petrarca-Kodex, der als Hochzeitsgeschenk für Königin Beatrix hergestellt wurde. Porträts des königlichen Paares sind nicht nur in den Medaillons der Zierleisten überliefert, auch bei größeren Darstellungen, wie beim Kreuzigungsbild des Brüsseler Meßbuches, sind lebensgetreue Bildnisse der beiden in die Komposition aufgenommen.

Was den Umfang der Bibliothek anlangt, sind wir nur auf Vermutungen angewiesen. Bartolomeo della Fonte, einer der Bibliothekare, schrieb 1489 über die Pläne des Mathias: „Der König hat die Absicht, so wie in allen anderen Dingen, auch in der Bibliothek die anderen Fürsten zu übertreffen." Dieses Übertreffen bedeutete damals nicht, möglichst viele Bücher anzukaufen, sondern einen hohen Grad an Vollständigkeit der Bibliothek zu erreichen. Alle antiken Autoren, Griechen und Römer, sollten in einer humanistischen Bibliothek vertreten sein. Die Werke zeitgenössischer Dichter und Schriftsteller hatten längst nicht dieses hohe Ansehen. Aus den verschiedensten Berichten über die Bibliothek, aber auch aus den Resten kann geschlossen werden, daß 2 000 bis 2 500 Bände vorhanden waren. Die meisten davon waren handgeschrieben, nur wenige frühe Wiegendrucke wurden gesammelt.

Wichtiger aber als der Umfang der Bibliothek war und ist ihr inhaltlicher Reichtum. Manche Kodizes enthalten Werke mehrerer Autoren. Andere antike Schriftsteller sind in mehrfachen Exemplaren erworben worden, um zu einem möglichst authentischen Text zu gelangen. In den Buchwerkstätten des Humanismus wurden die Bücher nicht nur abgeschrieben, sondern auch emendiert, d. h. verbessert. Man trachtete, einen möglichst richtigen Text aus verschiedenen Handschriften zu gewinnen oder die jeweils beste Übersetzung aus dem Griechischen oder Hebräischen zu finden. Von einer Reihe von Werken wissen wir aus Berichten der damaligen Humanisten, daß sie sich in der Bibliothek in Buda befanden; sie sind heute verschollen. Einige Werke, wie z. B. der Bericht des Konstantinos Porphyrogennetos über die Sitten am byzantinischen Hof, sind nur durch die Bibliothek des Mathias für uns erhalten geblieben. Mathias ließ auch zahlreiche griechische Kodizes übersetzen, da er und auch viele der gelehrten Bücherfreunde seiner Zeit wohl des Lateinischen, nicht aber der griechischen Sprache mächtig waren. Der König selbst las viel, seine besondere Vorliebe galt den lateinischen Geschichtsschreibern. Er war aber auch in der theologischen Literatur bewandert und kannte die wesentlichen militärtheoretischen Werke. Wie fast alle Menschen seiner Zeit glaubte er an das besondere Wirken der Sterne; astronomische und astrologische Bücher faszinierten auch ihn. Die Geschichtsschreiber der Mathias-Zeit, Thuróczy und Bonfini, stützten sich bei Abfassung ihrer Werke auf das in der Corviniana vorhandene Quellenmaterial.

Mit dem Tode des Königs Mathias versiegte die Sammeltätigkeit, die Arbeiten an der Vervollständigung der Bibliothek wurden nicht mehr fortgesetzt. Weder Wladislaw II. noch Ludwig II. waren daran interessiert; außerdem waren sie viel zu arm, um Handschriften bezahlen zu können. So verblieb eine Anzahl bestellter Handschriften in Italien und gelangte in andere Bibliotheken. Der Sohn des Königs, Johannes Corvinus, nahm, als er Buda verließ, einige Bücher mit, die über den zweiten Mann seiner Gattin Beatrix, Georg von Brandenburg, in die Bibliothek von Wolfenbüttel kamen. Bis zur Eroberung Budas durch die Türken im Jahre 1526 verblieben die Bücher in der königlichen Burg in Buda. Zeitgenössische Berichte erzählen von verstaubten, verkommenen Kodizes, die von Ungeziefer angefressen seien. Die schönsten Stücke wurden eine Beute Suleymans; erst im 19. Jahrhundert haben die Sultane Abdul Aziz (1861–1876) und Abdul Hamid II. eine Reihe von Kodizes wieder nach Ungarn zurückgestellt.

Nach dem Türkensturm setzte die Verschleppung der Bibliothek ein. Einige Wiener Humanisten wie Cuspinian oder Brassicanus erwarben Kodizes, die uns daher erhalten blieben. Immer wieder gab es Versuche, Teile der Sammlung oder alle Bücher aus Buda wegzubringen oder sie käuflich zu erwerben. Als der Kaschauer Pater Péter Alvinci 1605 die Bibliothek besichtigen wollte, wurde er nicht einmal eingelassen. Fürst Georg I. Rákóczy unternahm mehrmals den Versuch, die Bibliothek zu erwerben – doch alle Mühen blieben vergeblich. 1666 sah der Wiener Hofbibliothekar Peter Lambeck nur noch einen „fürchterlichen Haufen“, und der italienische Ingenieur Luigi Marsigli überliefert uns einen Bericht über die armseligen Reste, die nach der Rückeroberung Budas im Jahre 1686 aufgefunden wurden. 300 Titel wurden damals verzeichnet und nach Wien gebracht, doch der geringste Teil davon stammte aus der Bibliotheca Corviniana. Von der einstigen stolzen Sammlung sind 194 eindeutig der Bibliothek des Königs Mathias zuzuordnende Kodizes, verstreut über die ganze Welt, in 48 Bibliotheken zu finden. Mehr als 40 Corvinen sind in Budapest zu bewundern, 37 Stück verwahrt die Österreichische Nationalbibliothek in Wien. Wenn von der einmaligen ungarischen Renaissancekultur nichts außer diesen Kodizes geblieben wäre, würden sie doch hervorragendes Zeugnis ablegen für eine kurzlebige, aber reich blühende Kultur.

Mathias Corvinus – ein großer König Ungarns oder eine Legende?

Im Urteil seiner Zeitgenossen, ausgenommen seine erklärten Feinde, war König Mathias in jeder Beziehung eine überragende Erscheinung. Antonio Bonfini überlieferte über ihn sicherlich nur das Schmeichelhafteste:„Der verewigte Mathias war körperlich um einiges größer als der Durchschnitt, sein Körper war wohlgestaltet, sein Äußeres edel und Ausdruck für die Größe seiner hochherzigen Gesinnung; seine Gesichtsfarbe war rötlich und sein Haar blond, die gerunzelte Stirn verlieh seinem Gesicht männliche Schönheit, die lebhaften und dunklen Augen sowie die makellose Nase schmückten es nicht wenig; sein Blick war offen und gerade, nach Löwenart blinzelte er beim Schauen fast niemals mit den Augen . . . er war gerne bereit etwas zu versprechen, er geriet leicht in Zorn; seine Denkart war sehr liberal und hochherzig, und ausgerichtet auf großartige Taten; er war frei von Grausamkeit und barbarischem Benehmen . . .“

Auch sein Bibliothekar, Bartolomeo della Fonte, feierte den König überschwenglich: „Du allein, erhabener König, leuchtest in dieser wirren Zeit und hast den Glanz Deines erhabenen Daseins zum Schmucke der edlen Kultur bestimmt . . . Allein und als Erster schmückst Du nun dieses mächtige Reich, das Du durch weise und glückliche Tage verherrlicht hast mit Literatur und Wissenschaft und machst es empfänglich für die liebenswerten Musen. Die Musen, die schon lange verjagt sind aus Griechenland, die auch unsere Fürsten schon zu verlassen beginnen und die die französischen und deutschen Fürsten vernachlässigen, alle flüchten zu Dir und verehren Dich als ihren einzigen Stolz und einzigen Schutz.“

Es nimmt daher nicht wunder, wenn die nationalistische Historiographie des 19. Jahrhunderts in Mathias die Verkörperung des Ungarntums schlechthin erkennen wollte.

Doch nicht alle Denkmäler müssen im Zuge der Revision des Historismus gestürmt werden, auch heute noch ist von „der grandiosen Persönlichkeit eines der weitblickendsten Herrscher, ... [der] den ungarischen Königshof zu einem der bedeutendsten kulturellen Zentren machte", die Rede.

Es berührt sympathisch, daß über diesen König viele heitere, aber nicht besonders heroische Legenden gedeihen. Jedenfalls muß sein Wirken im Kontext der Zeit gesehen und am Beispiel seines Jahrhunderts gewürdigt werden.

Will man den Versuch unternehmen, den Staat, den Mathias Corvinus zu errichten trachtete, zu beschreiben, so wird man ihn als einen zentralistisch gegliederten, auf die Person des Königs bezogenen Territorialstaat, in dem das inadäquate Übergewicht der dünnen Hochadelsschicht aufgehoben ist, charakterisieren können. Mathias setzte ganz entscheidende Meilensteine für die Entwicklung Ungarns vom Personenverbandsstaat des Mittelalters zum neuzeitlichen, verwaltungsmäßig durchstrukturierten Gebilde. Rechtskodifikation (das decretum maius von 1486), billiger und rascher Zugang zum Recht für alle Menschen, normierte Steuereintreibung, den partikularistischen Interessen entzogen, und die Schaffung eines neuen Adels, der nach den Anordnungen des Königs seine Verwaltungsvorstellung durchsetzen sollte – alle diese Neuerungen entsprachen dem anthropozentrischen Weltbild des Humanismus. Nicht Herkommen, sondern Verdienst und Bildung ungeachtet nationaler Abstammung waren seine Prinzipien, die er gegen den Widerstand traditioneller Herrschaftsträger anwenden zu können glaubte. Die Bevorzugung des Komitatsadels, einhergehend mit der Verdrängung der großen Familien aus den Schaltstellen des Staates, ist ihm in seiner 32jährigen Regierungszeit doch weitgehend gelungen. Große Gegner von einst, wie die Familie Garai, starben kinderlos, andere Familien wurden mit machtlosen Ehren entschädigt, wie die Verleihung des Königstitels von Bosnien an Nikolaus Ujlaki. Auch die Verteidigung des Landes den Baronen entzogen zu haben und sie zu einer Aufgabe der res republica zu machen, war eine zukunftsweisende Entscheidung.

Kritik muß an der Höhe des Steuererfordernisses angebracht werden. Mathias steigerte sein Verlangen bis an die Grenzen der wirtschaftlichen Leistungsfähigkeit. Zu sehr stellte er die Mittel, die wohl in hohem Maße vorhanden waren, in den Dienst eigener dynastischer Träume und mußte in dieser Frage immer öfter Kritik und Beschwerden erfahren, die sich bis zu Unruhen steigern konnten, wie das Siebenbürger Beispiel von 1467 lehrt.

Daß fast alle seine Reformen mit seinem Tode hinfällig wurden, ist nicht ihm, sondern seinen unfähigen Nachfolgern anzulasten. Wladislaw II., der seine Wahl im Jahre 1490 sicherlich seiner bis dahin lethargischen Politik in Böhmen zu danken hatte, war wieder das hilflose Spielzeug in den Händen der Großgrundbesitzer. In seiner Wahlkapitulation gelobte er, alle „Neuigkeiten", die unter der Herrschaft des Königs Mathias eingeführt worden waren, rückgängig zu machen. Die Folgen für das Land waren in der Tat katastrophal. Die politischen Entscheidungen lagen wieder bei den Kirchenfürsten, wie Bakócz, Primas von Ungarn, oder Filipécz, Bischof von Wardein. Das vom König mühevoll aufgebaute Söldnerheer löste sich in kurzer Zeit auf, da die finanziellen Voraussetzungen von den Jagellonen nicht aufrechterhalten werden konnten. Der wirtschaftliche Niedergang ging so weit, daß nach dem Tode Wladislaws II. die Kupferminen des Landes an die Fugger verpachtet werden mußten.

Die Verteidigung des Landes gegen die erneut mächtig vordringenden Türken lag wieder nur in den Händen des miserablen Banderialaufgebotes. Wenige Jahre noch konnte sich das Grenzverteidigungssystem halten, solange dort idealistische Kommandanten wirkten. Daß Ungarn bis 1526 größtenteils von den Türken verschont blieb, hing mehr mit anderen Orientierungen der osmanischen Politik, die sich vor allem unter Sultan Selim I. mehr auf Territorialgewinne im Mittelmeerraum konzentrierte, denn mit der aktiven Verteidigung der Magyaren zusammen. Als unter Sultan Suleyman dem Prächtigen wieder eine intensive Westorientierung der Aggressionspolitik einsetzte, fielen ihm die ungarischen Festungen wie reife Früchte in den Schoß. Rivalisierende Adelsparteiungen, die durch Doppelwahlen das Land weiter schwächten, ermöglichten 1541 mit der Eroberung Ofens eine Dreiteilung des

Landes, die fast 150 Jahre dauern sollte. Im Osten herrschten die Osmanen, dazwischen lagen von ihrer Gnade abhängige, tributpflichtige Pufferstaaten von wechselnder territorialer Beschaffenheit, im Westen des Landes kämpften die Habsburger mit wechselndem Erfolg um die Honorierung ihrer vertraglichen Erbansprüche.

Trotzdem war die von König Mathias nur vorübergehend geschaffene Ordnung beispielgebend: Kaiser Maximilian, der den Ungarnkönig sehr bewunderte, begann in den österreichischen Erbländern mit ähnlichen Reformen, die dann von seinem Enkel Ferdinand I. umfassend durchgeführt wurden.

Prima vista sind trotz großer Erfolge, wie der Eroberung Wiens, die außenpolitischen Pläne des Königs gescheitert. Die auf dem Legitimationsprinzip ruhende zähe Hausmachtpolitik des Kaisers, der an geschlossenen Verträgen, auch wenn sie vorübergehend nachteilig wirkten, unerbittlich festhielt, sicherten schließlich den Gewinn Ungarns für das Haus Habsburg. Daß auch Mathias die Bedeutung des geopolitischen Raumes der Donauländer klar erkannt hatte, steht außer Zweifel. Aufgrund seiner im Lande abgesicherten Position und der offenkundigen Energielosigkeit des Kaisers in Österreich mußte Mathias Corvinus die Auseinandersetzung mit Friedrich zur Maxime seiner Politik machen, wenn er die Vereinigung der Donauländer intentional als Ziel betrachtete. Nun soll aber nicht der Eindruck entstehen, als hätte dieser aus niederem Adel stammende König seine Zeit nur mit Großraumträumen vergeudet, doch realpolitisch nichts geleistet. Er mußte beständig darum kämpfen, die mangelnde Legitimität seiner Herrschaft durch Erfolge auszugleichen. Unter diesem Blickwinkel muß auch seine gesamte Außenpolitik gesehen werden; vordergründig aus einem undurchschaubaren, ständig wechselnden Bündnisgeflecht bestehend, diente sie zur Sicherung erreichter Ziele und zur Vorbereitung dynastischer Pläne. In ihm primär einen Verteidiger der Christenheit gegen die ungläubigen Osmanen zu sehen, wäre eine Fehleinschätzung seiner realistischen Abwägung der Möglichkeiten. Die „türkische Karte“, d. h. die wiederholte Ankündigung eines umfassenden und entscheidenden Kreuzzuges gegen die Türken, gehörte zum Instrumentarium seiner Politik. Doch war er nie vermessen genug, zum damaligen Zeitpunkt von einem wirklichen Sieg über die Osmanen zu träumen. Er kannte diesen Gegner und wußte um seine Macht, daher schloß er Verträge.

Persönlicher Ehrgeiz, dynastische Wunschträume, bisweilen rücksichtslose Durchsetzung vorgenommener Pläne lassen doch Raum für jenen Hauch von Glanz, der diesen Herrscher umgibt. Der Prunk seiner Hofhaltung im Vergleich zur kargen Armseligkeit seines großen Gegners, die glanzvolle kulturelle Blüte, die er dem Lande schenkte und die, wenn auch nur in geringen Resten bis auf unsere Tage überliefert, eine Aufbruchstimmung aus einer dumpferen Zeit ahnen läßt – sie sind bleibende Zeugen eines begreiflichen Menschheitstraumes. Friedrich hatte durch Überleben und zähes Festhalten an Verträgen ein Land für seine Dynastie gewonnen. Als König Mathias starb, soll im Volke das Sprichwort entstanden sein: „Mathias ist tot, es ist vorbei mit der Gerechtigkeit." Nichts von ihm erwies sich – tragischerweise – von Dauer, nur das Beispiel förderte die Legende.

Ungarn im 15. Jahrhundert

Hunyadi

Serba — N. N.

Radul (Sohn von N. N.)

Vojk — Magos — Radul

Kinder von Vojk:

- Tochter ∞ Johann (János) von Székely † 1448
- Klara ∞ Pongrácz von Dengeleg
- Johann (János) um 1408–1456 ∞ Elisabeth von Szilágyi † 1484
  - Ladislaus (László) 1433–1457
  - Mathias (Mátyás), gen. Corvinus 1443–1490 ∞ 1. Elisabeth von Cilli 1441–1455 2. Katharina von Podiebrad 1449–1464 3. Beatrix von Aragon 1457–1508
    - Johannes Corvinus (unehelich) 1473–1504 ∞ Beatrix Frangepán
- Johannes um 1419–1441
- Vojk † als Kind

Habsburger

Albertiner

Albrecht V.
1397–1439
∞
Elisabeth von Ungarn
1409(?)–1442

- Anna
  1432–1462
  ∞
  Wilhelm III.
  von Sachsen
  1425–1482
- Elisabeth
  1437–1505
  ∞
  Kasimir IV.
  von Polen
  1427–1492
- Ladislaus
  Postumus
  1440–1457

Leopoldiner

Ernst I. der Eiserne
1377–1424
∞
Zimburgis von Masowien
um 1394/97–1429

- Friedrich III.
  (Herzog V., König IV.)
  1415–1493
  ∞
  Eleonore von Portugal
  1436(?)–1467
- Albrecht VI.
  1418–1463
- 7 weitere
  Kinder

Maximilian I.
1459–1519
∞
1. Maria von Burgund
1457–1482

Philipp der Schöne
1478–1506
∞
Johanna von Spanien,
die „Wahnsinnige“
1479–1555

- Karl V.
  1500–1558
- Ferdinand I.
  1503–1564
  ∞
  Anna von Ungarn
  1503–1547
- Maria
  1505–1558
  ∞
  Ludwig II.
  von Ungarn
  1506–1526

Jagellonen

- Wladislaw II. 1348–1434 ∞ 1. Hedwig (Jadwiga) von Anjou (von Ungarn) 1342–1386
  - Wladislaw III. (in Ungarn I.) 1425–1444
  - Kasimir IV. 1427–1492 ∞ Elisabeth von Österreich 1437–1505
    - Wladislaw II. von Ungarn 1456–1516 ∞ Anna von Foix
      - Ludwig II. 1506–1526 ∞ Maria von Österreich 1505–1558
      - Anna 1503–1547 ∞ Ferdinand I. 1503–1564
    - Kasimir (der Heilige) 1458–1484
    - Johann Albrecht 1459–1501
    - Sigismund I. † 1548 ∞ 1. Barbara Zápolya

Cilli

Hermann II.
† 1435

- Friedrich II.
  um 1372–1454
  - Ulrich
    um 1406–1456
    ∞
    Katharina von Brankovic
    - Elisabeth
      1441–1455
      ∞
      Mathias Corvinus
      1443–1490
- Anna
  ∞
  Nikolaus II. von Garai
  - Ladislaus
    - Maria
- Barbara
  um 1390/95–1451
  ∞
  Sigismund von Ungarn
  1368–1437
  - Elisabeth
    1409(?)–1442
    ∞
    Albrecht V.
    1397–1439
    - Anna
      1432–1462
      ∞
      Wilhelm III. von Sachsen
      1425–1482
    - Elisabeth
      1437–1505
      ∞
      Kasimir IV. von Polen
      1427–1492
    - Ladislaus Postumus
      1440–1457

Zeittafel

1301 Aussterben der Arpaden
1335 Zusammenkunft der Könige Ungarns, Böhmens und Polens in Visegrád
1387 Wahl König Sigismunds
1401 Adelserhebung gegen König Sigismund
1404 Placetum regium
1408 Geburt Johann Hunyadis
1409 Erste urkundliche Erwähnung der Familie Hunyadi
1414–1418 Konzil von Konstanz
1437 (9. Dezember) Tod König Sigismunds
1437 (27. Dezember) Wahl des Habsburgers Albrecht V. zum ungarischen König
1439 Niederlage gegen die Osmanen bei Semendria
1439 (27. Oktober) Tod Albrechts V.
1440 (2. Februar) Wahl Herzog Friedrichs V. zum deutschen König (Friedrich IV., später als Kaiser III.)
1440 (21. Februar) Geburt des Ladislaus Postumus
1440 (14. Mai) Krönung des Ladislaus Postumus in Stuhlweißenburg
1440 (23. August) Vertrag von Hainburg
1442 Niederlage Hunyadis bei Marosszentimre
1443 (23. Februar) Geburt des Mathias Corvinus
1443 Sieg Hunyadis bei Niš
1444 (10. November) Schlacht bei Varna
1445 (September) Verhandlungen ungarischer Abgesandter mit König Friedrich IV.
1446 (5. Juni) Bestellung Hunyadis zum Reichsverweser
1447 (1. Juni) Waffenstillstand Hunyadis mit Friedrich IV.
1448 (September) Niederlage der Ungarn gegen die Osmanen auf dem Amselfelde
1450 (22. Oktober) Vertrag von Preßburg
1451 (August) Vertrag von Semendria mit Georg Brankovic
1451 (14. Oktober) Mailberger Bündnis
1452 (19. März) Krönung Friedrichs IV. zum Kaiser in Rom (als Kaiser Friedrich III.)

1452 (1. September) Vertrag Friedrichs III. mit den österreichischen Ständen, Auslieferung des Ladislaus Postumus
1453 (Jänner) Niederlegung der Reichsverweserschaft durch Hunyadi
1453 (29. Mai) Eroberung Konstantinopels durch die Osmanen
1453 (28. Oktober) Krönung des Ladislaus Postumus in Prag
1454 (April) Reichstag in Regensburg
1455 (2. Februar) Reichstag in Wiener Neustadt
1456 (21. Juli) Sieg Hunyadis über die Osmanen in Belgrad
1456 (11. August) Tod des Johann Hunyadi
1456 (9. November) Tod des Ulrich von Cilli
1457 (16. März) Enthauptung des Ladislaus Hunyadi
1457 (23. November) Tod des Ladislaus Postumus
1458 (24. Jänner) Wahl des Mathias Corvinus zum ungarischen König
1458 (2. Februar) Wahl des Georg Podiebrad zum König von Böhmen
1459 (17. Februar) Wahl Friedrichs III. zum ungarischen Gegenkönig in Güssing
1460 Fürstenkongreß in Mantua
1462 (3. April) Präliminarvertrag zwischen Friedrich III. und Mathias
1463 (12. Juli) Vertrag von Wiener Neustadt
1463 (September) Eroberung von Jajce durch Mathias Corvinus
1464 (Februar) Tod der Katharina Podiebrad
1464 (29. März) Krönung des Mathias Corvinus in Stuhlweißenburg
1467 Gründung der Universität Preßburg
1469 Reichstag zu Regensburg
1469 (3. Mai) Eid des Mathias Corvinus als König von Böhmen
1470 (11. Februar) Treffen des Mathias Corvinus mit Friedrich III. in Wien
1471 Verschwörung der Humanisten gegen Mathias
1471 (22. März) Tod des Georg Podiebrad
1471 (17. Mai) Wahl des Wladislaw Jagello zum König von Böhmen in Kuttenberg
1471 (22. August) Krönung des Wladislaw in Prag
1472 (März) Tod des Janus Pannonius
1472 (2. August) Tod des Johann Vitéz
1473 Geburt des Johannes Corvinus
1474 (8. Dezember) Waffenstillstand von Breslau zwischen Mathias und Wladislaw
1476 Flucht Beckensloers zu Friedrich III.
1476 (22. Dezember) Heirat des Mathias mit Beatrix von Aragon
1477 (5. Jänner) Tod Karls des Kühnen in der Schlacht bei Nancy

1477 (10. Juni) Belehnung des Wladislaw mit den Ländern der Wenzelskrone
1477 (Sommer) Einfall des Mathias in Niederösterreich
1477 (1. Dezember) Vertrag von Korneuburg
1478 (21. Juli) Friede von Olmütz, Teilung der Interessensphären zwischen Mathias und Wladislaw
1479 Bundesbrief der Eidgenossen
1480 Feldzug des Mathias gegen die Steiermark
1482 (März) Neuerlicher Feldzug des Mathias gegen die Länder Friedrichs III.
1482 (30. September) Eroberung Hainburgs
1483 (9. April) Eroberung Klosterneuburgs
1484 (11. Mai) Gefecht bei Leitzersdorf
1484 (3. Dezember) Eroberung Korneuburgs
1485 (29. Jänner) Mathias Corvinus steht vor Wien
1485 (1. Juni) Eroberung Wiens durch König Mathias
1486 Reichstag in Nürnberg
1486 Decretum maius
1487 (14. August) Kapitulation von Wiener Neustadt
1488 (24. Juni) Ritterschlag des Melchior Russ in Wien
1488 Heirat (in Stellvertretung) des Johannes Corvinus mit Bianca Maria Sforza in Wien
1490 (6. April) Tod des Mathias Corvinus in Wien
1490 (23. August) Treueeid der Wiener für Kaiser Friedrich III.
1491 (29. November) Vertrag von Preßburg zwischen Maximilian I. und Wladislaw II. von Ungarn
1526 Schlacht bei Mohács
1541 Eroberung Ofens durch die Osmanen
1543 Brand Visegráds
1686 Rückeroberung Ofens

Quellen- und Literaturverzeichnis

Die nachstehende kleine Auswahl umfaßt nur relativ leicht aufzufindende Werke, die größtenteils in deutscher Sprache verfaßt sind.

Quellen

Bonfini, Antonio, Rerum Ungaricarum decades, hrsg. von I. Fógel, B. Iványi und L. Juhász, 4 Bde., Budapest 1936–1941

Galeottus, Martius, De egregie, sapienter, iocose dictis et factis regis Mathiae ad ducem Iohannem eius filium liber, hrsg. von L. Juhász, Leipzig 1934

Kottanerin, Helene, Die Denkwürdigkeiten der – (1439–1440), hrsg. von Karl Mollay, Wien 1971

Thuróczy, Johann, Chronica Hungarorum. Scriptores rerum Hungaricarum, hrsg. von J. G. Schwandtner, Tyrnau 1765

Literatur

Csapodi, Csaba, und Csapodi-Gárdonyi, Klara, Bibliotheca Corviniana, Budapest 1967

Csikay, Pál, Die Beziehungen des Mathias Corvinus zu den Eidgenossen, München 1952

Fraknoi, Wilhelm, Mathias Corvinus, König von Ungarn 1458–1490, Freiburg im Breisgau 1891

Geusau, Anton von, Geschichte der Belagerung Wiens durch den König Mathias von Hungarn in den Jahren 1484 und 1485, Wien 1805

Matthias Corvinus und die Renaissance in Ungarn 1458–1541, Katalog der Ausstellung auf der Schallaburg, Wien 1982

Nehring, Karl, Matthias Corvinus, Kaiser Friedrich III. und das Reich. Zum hunyadisch-habsburgischen Gegensatz im Donauraum, München 1975

Ders., Quellen zur ungarischen Außenpolitik in der zweiten Hälfte des XV. Jahrhunderts, Budapest 1976

Zsolnay, Vilmos von, Vereinigungsversuche Südosteuropas im XV. Jahrhundert. Johann von Hunyadi, Frankfurt – Koblenz 1972

Personenregister

Die kursiv gesetzten Zahlen beziehen sich auf die Farbbildseiten.

Ortsregister

Die Ortsbezeichnungen wurden in der Form ins Register aufgenommen, in der sie im Text Erwähnung finden. Anderssprachige Bezeichnungen wurden unter Hinweis auf die jeweilige Sprache angefügt (b.=bulgarisch, d.=deutsch, p.=polnisch, r.=rumänisch, s.=serbokroatisch, t.=tschechisch, u.=ungarisch). Der Begriff Ungarn sowie alle seine Verbindungen, z. B. Nordungarn, wurden nicht in das Register aufgenommen.

Bildnachweis

Isabella Ackerl, Wien: Seiten 6, 7
Biblioteca Apostolica Vaticana, Rom: Seiten 11, 12
Biblioteca Guarnacci, Volterra: Seite 9
Biblioteca Medicea Laurenziani, Florenz: Seite 13
Christliches Museum, Esztergom (Foto: Mudrák Attila): Seite 1
Gyarmathy László, Budapest: Seite 8
Herzog-August-Bibliothek, Wolfenbüttel: Seite 14
Historisches Museum, Budapest (Foto: Gyarmathy László): Seite 3
Korporationsverwaltung der Stadt Luzern: Seite 15
Museum der bildenden Künste, Budapest (Foto: Gyarmathy László): Seite 2
Széchényi-Bibliothek, Budapest: Seite 10
Ungarisches Nationalmuseum, Budapest (Foto: Gyarmathy László): Seite 16
Ungarisches Staatsarchiv, Budapest (Fotos: Gyarmathy László): Seiten 4 (2), 5 (2)